PTA会長

大人も子どもも
みんなハッピーになる

レモンさんの子育てビタミン標語

CONTENTS

もくじ

この本は、『小六教育技術』2006年5月号〜2007年3月号、『小一教育技術』2007年4月号〜2008年3月号での連載をもとに大幅に加筆・訂正してまとめました。

オビについてるレモンさんカードは僕らシンセキの「絆」の証やから、切り抜いていつも持っててくださいね！

　会ったとき、ぜひ見せてね〜！

レモンさんストーリー

「レモンさんって誰?」「何してる人?」という人のために、レモンさんの活動をダイジェストで紹介しま〜す。『レモンさんのPTA爆談』を読んだ人も、最新情報があるから要チェック〜!『レモンさんのPTA爆談』をまだ読んでない人は、197ページをチェ〜ック!

1 ラジオDJがPTA会長に!

「こんな学校辞めさしたる!」って思とったのに、スピーチだけって頼まれて、断れず、PTA会長になりました。そこからお節介魂爆発!!

2 初仕事「入学式」

2001年4月の入学式で、レモンさんデビュー〜〜! レモンのかぶりものはまだできてなくて、アメリカ国旗のシルクハットをかぶってあいさつしました。

大人はびっくり、子どもたちは大喜び。

3 「PTAは一艘《いっそう》の船なんです」

PTA役員全員との初顔合わせの日にあいさつをしました。「PTAとは、たとえるなら一艘の船と一緒です。この航海は大変やけど、必ずステキな風景に出逢えるでしょう。一年後、無事にこの港に帰ってきましょう。最後の日に『どんな風景と出逢いましたか?』って聞きますからね」。

4 最初のイベントは、春の運動会!

「来賓の受付だけ手伝ってください」って先生に言われたけど、積極的に参加させてもらいました。「PTAの仕事なんて例年通りのことだけやって、スルーパス」って言うてた親も結局感動して泣いたんよ。僕も感動したな〜。

5 「教育技術.net」で連載！

２００４年４月〜２００５年３月まで、学校の先生向けのホームページ「教育技術.net」で、「ラジオＤＪ山本シュウの　喰らえ!! レモン型　教育爆談」を連載！　連載中から人気急上昇やで〜!!

6 『レモンさんのＰＴＡ爆談』発売！

ＰＴＡ会長５年めに突入した２００５年６月15日に、１冊めの本がついに発売〜〜!!　「教育技術.net」での連載をまとめて、書き下ろしも加えました。「私のバイブルです！」と言ってくれる方（シンセキ）が全国で増えてきてます！

7 講演会の依頼が増えました

本のことが、いろんな雑誌とかテレビで紹介されました。そしたら、熱っつ〜い人が全国におって、講演会に呼んでくれたりして出逢って、レモンさんもどんどんパワーアップして絆が増えました。

8 ＰＴＡ顧問に

ＰＴＡ会長してたんは２００６年３月までで、それまでの副会長さんに会長を引き継いでん。それからも、参加できることには参加してます。

9 ＴＢＳラジオ「全国こども電話相談室・リアル！」のメイン・パーソナリティに！

番組が心の悩み相談に変わった２００８年10月５日から毎週日曜日に放送させてもらってました。くわしくは、この本の１９９ページを見てな〜。

10 『ＰＴＡ会長レモンさんの子育てビタミン標語』発売〜!!

この本が、２００９年５月20日に発売〜!!大げさやない。生きててくれて、こうして出逢えてありがとう!!

僕らいつもつながってるで〜！

Ｗｅ ａｒｅ シンセキ！

はじめに

Ｗｅ ａｒｅ シンセキ～！ のあなた！ 笑ろてはりますか～？

この子育て本の願いは、ただ一つ！

あなたの心に、お節介なビタミンと笑顔を少しでも届けたいっちゅうことです！

レモンさんの本、第一談『レモンさんのＰＴＡ爆談』を書いたことで、たくさんの愛と、たくさんの出逢いをもらいました！ ありがとう！

各地の講演でもよくお話しするキーワードが、この第二談にはいっぱい出てきますよお。

さらに今回は、忙しいであろうあなたのために、できるだけ文字数を減らして、意味をギュッと凝縮させました。「忙しい」＝「心」を「亡くす」ことになったら困るので、一つ一つのテーマを標語にして、3分ほどで読めるようにまとめました。

どっから読んでも、やめても、ビタミンを届けられるようにしたんですよ。

この本を読むうえで、気ぃつけてもらいたいんが、一つでも共感できたら、それはあなた自身の閉まってた「感性の扉」が開いただけやっちゅうこと。

決して僕から教わったなんて、こそばいこと思わんとってくださいね！

ほんで次は、あなたの大切な人に自分の言葉として伝えていってくださいね！

僕にとってこの本は、ミュージシャンでいうところの楽曲のようなもんです。

伝えたいことは言葉の中や行間にある「魂」なんです。

だからできるだけ僕の講演にも参加して、生レモンさんの「魂」に会いに来てね！

僕の講演は、そういう意味でもライブなんですよ。

ライブだからこそ感じることがめちゃくちゃあるんです。

今という時代は、「コミュニケーション崩壊の時代」で、「個人・孤独の時代」です。

そのなかで生まれた「憎悪の連鎖」を一日でも早く、少しでも食い止めて、「愛の連鎖」に変えていかなあかんのです！

「難しい」とあきらめたらあかんのです！　カッコ悪いんです！

「お互い様」や「お蔭様」の意味を取り戻し、全国長屋化計画をせなあかんのです！　つまり、「愛のお節介」を取り戻すんです！　まさに、ピンチはチャンス！

今こそ子どもたちのために、本気で、照れずに、不器用でも大人が人間愛でつながり合って、「今こそ愛と絆の時代！」と訴えていかなあかんのです！

あなたの子どもの命は僕のものでもあるんやでぇ！　って！

要するにこの本は、そんな僕のお腹の中にたまってた、前から出したかった熱いウンコです！　ハハハハハ　（カバー参照）

この本にまとめた話は、子どもにかかわる人に限らず、それ以外の人にも参考になると思てます。
どこからでも何回でも読んで、感想を教えてね！

『We are シンセキ！』の心

もともと、下町で長屋育ちの僕は、近所の人たちのまるで親戚みたいなお節介で育てられました。だから僕自身も、めちゃくちゃお節介で、まわりからは、「男の顔した、ただのお節介な（親戚の）オバチャン！」と言われてます。

それに、たとえば26～27世代もさかのぼると、1億3千万人（日本の人口とほぼ同じ数）の人の命と血がつながって、自分の命にたどりついていることに気づきます。

ということは、僕たちはとっくに、同じ血が一滴ぐらいは流れてる本物の親戚のはずですよね。

たとえば、車を運転している時に、急に無理な横入りをしてきた車がいて事故りそうになったら、誰でも「コラ～！」って怒るでしょ？

ところが、その相手のドライバーがもし、親戚、あるいは友達やったら、「な～んや！　おまえかいな～。久しぶり～！　元気？　気ィつけて運転しいや～」なんてことでおさまりますよね。

なのに、知らん奴やと思ったら、へたすりゃケンカにもなってしまいます。

これっておかしいですよね？

だからそんな時は、「コラ～！　危ないやろ～！　シンセキ～！」と、必ず語尾に「シンセキ～！」とつけてみてください。いや、ホンマに！　これはだまされたと思ってやってみてください！　頭に上った血がだんだん「ヒュ～ン↓」と下がっていくのがわかりますから。

つまり、強制的に自分の中から、「愛＝優しい気持ち」を引き出してくるんです！

これぞ「シンセキ・マジック！」。

笑わんといて！　バカにせんといて！

だってね、これさえ使えるようになれば、誰より、何よりあなたの心が相手の憎悪に汚《よご》されることなく、ピースな時間と、善玉の細胞が増える感じになるはずですから。

「愛は愛を引き寄せ、憎悪は憎悪を引き寄せ、心は心を引き寄せる」。

たとえ憎悪むき出しの態度の人がいても、必ずそれには理由があるはずだと、優しい気持ちで接することで、まずはあなたの心が守られ、いつかは、自然と相手から優しい気持ちを引き出せるチャンスが来るかもしれません。

愛はあなたを守るんです。

憎悪の連鎖じゃなくて、優しい心である愛の連鎖をつないでいきたいという想いが、「We are シンセキ！」の心なんです！

頭に血が上ったら、言葉
のあとに「シンセキ〜！」
って何回もつけてみて〜。
愛を引き出すシンセキ・
マジックが起こるよ〜。

標語1

誰もがみんな
シンセキと
思う気持ちが
愛を呼ぶ

標語1 誰もがみんな シンセキと 思う気持ちが 愛を呼ぶ

さあ、やっぱり一つめはこの本のテーマでもある「愛」の標語!

出た! 愛ですって奥さ〜〜〜ん! お父さんも照れますか〜? 逃げろ〜〜〜!

落ち着きましょう。

あなたは、子どもに何を願って子育てしていますか?

「お金ちょ〜だい」「温泉旅行連れてって〜」「結婚せんといて〜」 逃がすな〜〜!

落ち着きましょう。

「ただすこやかに、幸せでいてもらいたいですね」。

そう、それが世界共通の親の願いなはずやんねえ。

そのために必要なものはいろいろありますが、なかでも根っこにあるもの、それは**「人から愛される」**っちゅうことですよね。

当然そのために先に必要なのは? **「人を愛せる」**っちゅうことですよね。

っちゅうことは、その子どもの親やまわりの大人が「人を愛する」とはどういうこ
とかを身をもって示さんと伝わらんっちゅうことよね？
要は、あなたが**「愛の人で生きる」**っちゅうことです！
出たあ〜！　すごいフレ〜ズ！　逃げんといて〜〜〜。
僕は無宗教の無味無臭〜山本シュウ〜！
ここやで〜！　勘違いせんといてやあ！　最重要ポイントでチュ！
『愛は自分のプロテクション！』
つまり、まずは自分のためやっちゅうこと！
自分ができるだけ優しく、穏やかでいる時間を増やすためのもんやで！
それによって体の中に善玉の細胞まで誕生するっちゅうんやから！
極端なこと言うたら、相手から愛されようが愛されまいが関係なくて、それ以前に

人を愛せてるっちゅう自分がイケテルやん！ って思えたら、それで自分自身のことを愛してることになって心に栄養がたまっとるやん！ そこで完結してるんよ！

そりゃあ、結果的に、まわりから愛されてたりしたら、ハッピーこの上なし！

これって難しあらへんでしょ？ 誰でもできるはずなんよね？

だって、人間はみ〜んな「愛」をもともとは持ってるはずやもん。

自分のためやったんやあと、気づけりゃええだけなんよね。

それが難しいと思うのは、人間はみ〜んな「憎悪」も持ってるからよね。

この「憎悪」をいかにコントロールするかがテーマなんよ！

そこで僕が訴えてるんが、**シンセキの気持ちを最大限に生かして、もともと持ってる「優しい気持ち＝愛」を自分の中から引き出す練習をしようや！** っちゅうことです。

もともとみんな知ってることやけど、

「愛は愛を引き寄せ、憎悪は憎悪を引き寄せ、心は心を引き寄せる！」。

人に優しくされれば誰だって自分も優しい気持ちになるはずやっちゅうこと。

つまり、この標語の「愛を呼ぶ」っちゅうのは、ダブルミーニングで、自分の中からと、相手の心の中からっていう二つの意味が入ってるねんな。

他人にはどうしても優しくなられへんっちゅう人こそ、この身内感覚を身につけて、ワークショップ（実践的な練習）やと思って、やり続けてみてください。

あきらめんとやでえ。

不思議ですよ～。たとえば、今までなら頭に来ることが10回、あるいは、頭に来る人間が10人いたとしても、「シンセキなんや！」って思うことで、1回ずつ、一人ずつそれが減っていくのがわかり出しますから。その感覚を早くつかんでほしいんです。

僕はめちゃくちゃ気が短いんです。だからこそ気づけたっちゅうとこあるんですよね。

一歩外に出たらあらゆることにキレてたんですから。

だって、社会に出たら戦え！　って先輩に教えられてたから…。

違いましたね。先輩も悪くないけど、はじめから愛せばよかったんよね。

それだけしょっちゅうキレてると、結局は自分自身の心と時間に大損を与え、いかに体の中に悪玉の細胞を誕生させまくって体を悪くさせてたことか。

何より「小《ちっ》ちゃいな～僕！」って感じですよ。

でもそんな僕でもぶっちゃけ、最後の２～３人はどうしてもシンセキになれん！っちゅうのもいてます。ハハハ。でもそんな２～３人も、今は無理でもいつかは！あきらめへんのです！　自分の幸せのために！

僕は、お悩み相談ラジオを二つやってて、リスナーに直接会いにも行ってます。大学も二校で非常勤講師をし、「教える」っちゅうより、「愛してま〜す！」って感じで講義をし、空き時間も大学生の相談にのりまくってます。

だから、今この時代を肌で感じるんです！

あらゆる場面で、この「シンセキ感覚」が必要やねんな〜って。

「それは理想郷だね」とか、「うちの親戚はみんな冷たいよ〜」なんて簡単にあきらめるんは「頭ごなし教育」に洗脳されてるだけやから、その人に罪はない。

ただ早く気づいてほしいんです。あきらめてる大人が一番カッコ悪いことを、子どもたちはみんな気づき始めてますからね。

あなたの子どもを守るために、シンセキ・マジックでつながっていきましょうね！

標語 1 誰もがみんな シンセキと 思う気持ちが 愛を呼ぶ

愛は、相手の心を守る以前に、自分の心を守るんよね。
だから「愛は心のプロテクション！」。

標語2

あなたのお目目は
誰のもの？
あなたを愛する
者すべて

たとえば、僕らの若いころは、

「おまえの人生や、勝手にしたらええ！　どうなろうが自分の責任やあ！

でもなあ、そんな甘いことばっかり言うとったら、最後に泣かなあかんようになるんはおまえやぞ！　そん時に気づいても遅いんやぞお！　ボケー！」

なんて怒鳴られることも多かったと思うんですよね。

僕のおやじはそこまでは言わんかったけど、僕のまわりではよう言われてたし、それ以上に激しくただのＤＶ的な親もいましたねえ。

でも、今考えたら**その多くは親心で、わざと突き放すように言いながら、生きていく強さを身につけてほしい、自立してほしいと願ってたんとちゃうかな〜。**

ところが、今はそんな親の愛情さえない、ただのＤＶが多く存在したり、愛情があったとしてもそれが伝わらんと、子どもがそのまま真《ま》に受けて、親には自分に対する愛がないんやと思ったり、理解してもらえない孤独感やら追い込まれ感を持ったり、挙句の果てにはそんな甘い自分に自信が持てんと、ついには、自分は生まれて来んかったらよかったと思い込んだりしてしまう子どもが増えてると思うんですよ。

こんな自分にしたんは親の責任や！ とか、**学校の責任や！** って思って、身動きできんようになってる若者が増えてると思うんですよ。

だから、いつしかレモンさんは、小学校の入学式で新一年生にこういう質問をし始めました。

「あなたのお目目は誰のもの〜？」

マイクを向けられた子どもは、「え？ 私のもの」と答えました。

すかさず「正解！ 拍手〜！」

続けて、「じゃあ、他に誰のものやと思う？」

「え？　お父さんとお母さん」

「正解！　拍手〜！」

「他には？」

「おじいちゃんとおばあちゃん」

「正解！　拍手〜！」

「他に？」

「お兄ちゃん」

「正解！　拍手〜！」

さらに、

「あなたのお鼻は誰のもの？」

「あなたのお口は誰のもの？」

「あなたのおひざは？」

って、いろんな部分を聞くんです。そうすると、「ハイ！　ハ～イ！」ってたくさん手が挙がって、かなり盛り上がってくるんです。

そして最後に、

「それじゃあ、あなたの命は誰のもの？」

って質問したら、同じようにみんなが自分を大切な存在だと思ってくれそうな人を思い浮かべて答えるんです。

なかには、「うちにいる犬のマロンちゃん！」って答えた子もおった。

「正解！　拍手～！　そうやんねえ～、あなたがいないとマロンちゃんはお腹がすいて死んじゃうもんね～」

そのあと、

「あれ？　誰かもう一人、目の前の人を忘れてないですかあ？」

って聞いたら、「ハイ！」「ハイ！」「ハ～イ！」っていっせいに手が挙がって、

「レモンさ～ん！」


「大正解！　拍手～！　その通りです。

だからもしあなたが走ってはいけない廊下を走ってしまって、すべって、転んで、ひざを怪我して、そこから血が出ていたら、レモンさんはそのひざに顔をうずめて泣くからね～！　レモンさんの大切なひざから血が出てる～ってね！」

さらに伝えました。

「それにレモンさんは、内緒でみんなのお家に突然行くかもしれないよ〜。もしそこで、あなたがテレビをものすごい近い場所で観てたとしたら、レモンさんは驚いて白目むいて倒れてブクブク〜って泡吹くよ〜！

だって、あなたのお目目はレモンさんの大切なお目目でしょう？

そんな近くでテレビを観たら目がかわいそうでしょう！」

さらに、

「だから、もしも誰かが誰かに嫌なことをしたら、レモンさんに嫌なことをしているのと同じだからね？

絶対に許さないよ！

それにその嫌なことをしている子の心もレモンさんのものだから、どうしてそんな間違ったことをしてしまうのか考えて、助けないといけないよね！

大切な大切なレモンさんの心でもあるんだからね！」

ってね。

こんなふうに、

「あなたの命は、あなただけのものじゃない」

「あなたの命は、かけがえのない大切なみんなの命なんだ」

っちゅうことを子どもたちに伝えました。

親御さんたちには、命の話を子どもたちに繰り返し伝えることの大切さと、突き放すような言い方はもうこの時代には通用しづらくなったことを伝えました。

世の中で一番大切なものは命。だからこそ、何を説明するときでも、常に命につながる説明でなければ、子どもたちは「意味わから〜ん！」と言い続けるでしょう。子どもたちは正しいんです。

でも僕ら自身がそんな説明をろくに受けてこなかったことが一番の問題なんですよね。

この機会に、この本を読んで、子どもたちの「意味わから〜ん！」を「意味わかる〜！」に変えましょうね。

せやから、標語2を、こんな感じに変えてもいいですよね。

あなたの命は
誰のもの？
あなたを愛する
者すべて

標語❷ あなたのお目目は　誰のもの？
あなたを愛する　者すべて

「命はみんなのもの」「愛は自分を守るもの」って伝えることができたら、すべてそこから説明しやすくなるよね。

標語 3

あの人この人
お蔭様
支えてもらって
ありがとう

最近、ついに出てきたね～「ハイブリッド系の若者」、時代の申し子たちが！

たとえば、野球の斎藤佑樹くん、ゴルフの石川遼くん、スケートの浅田真央ちゃんや騎手の三浦皇成くんなど、彼らのインタビューは明らかにひと昔前の10代や20代のコメントやないよね。

サポートしてくれてる人への感謝と、その前向きなコメントや姿勢にホンマに驚かされる。何より彼らの目の表情。変な謙遜や、逆に調子にのった感じもなく、まったくと言っていいほどブレがない。カッコよさの意味を知ってる感じ。

それは必ず彼らのそばにカッコいい大人が存在してるからやろね。

とは言うても、シンセキのオバチャンとしては、ちょっとみんな優等生っぽすぎるところが心配やけどねえ…。

で、前置きが長くなりましたが、そんな彼らがすでによく理解している**「お蔭様」**

の意味を、今こそ子どもたちに伝えてほしいっちゅう想いを込めたのがこの標語です。

たとえば、雨が降った日、家族で車でお出かけしたその帰り、僕は車を停めて後ろの席に座ってる娘たちにわざと窓を開けさせ、こう言いました。

「あの看板読める？」

「水道工事？」

「そうや、雨降ってるのに、なんであのお兄ちゃんたちは雨に打たれてお仕事してると思う？」

「このまわりに住んでる人のお家に、水が流れないから？」

「正解！　僕らも今からお家に帰ってシャワーを浴びるとき、蛇口をキュッて回すだけでお湯がシャーッて出てくるやろ？　それはあのお兄ちゃんたちのお蔭様やな？」

「うん」

「パパはあのお兄ちゃんたちの顔も名前も知らへん。でも、間違いなくあのお兄ちゃんたちにお世話になってるやろ？　だからあの人たちは僕らにとっての、『お蔭様』やろ？

カッコええなあ、お兄ちゃんたち。ありがとうございます。

そして、がんばってくださいね！　やんなあ？」

実は最近、農作業を始めたのですが、それが、こういうことを改めて考えるいいきっかけにもなってるんです。

どんな人間でも、働くっちゅう行為が、回りまわって、自分の生活や生きることを手助けし、支えてくれてるんやな～っちゅうこと。

そういうことを、いつも忘れたらあかんと思うんですよね。

それを忘れんかったら、**結局どんな人間も自分にとっても大切な人間で、大切な命や**っちゅうことに気づける。と同時に、**自分の命や存在も、尊く大切な存在や**っちゅうことにも気づいていける。

つまり、あなたは必ず誰かの「お蔭様」になってるんやってこと。

だからこそ、**人は人と支え合って生きてるんや！「We are シンセキ！」なんや！**って、自然と意味がつながっていくんですよね。

スゴイ人間って言われる人ほど謙虚にしてはる。

それは、この「お蔭様」の意味をよう理解して、痛感してるからやと思うんです。

「お陰様」の意味を具体的な話で、子どもたちにわかりやすく繰り返し伝えられたら、子どもたちはきっと変わってくると思うんですよね。

標語❸ あの人この人 お蔭様
支えてもらって ありがとう

あなたは誰かの「お蔭様」。だから「大切な存在」。
ということをみんなに伝えていきましょうね！

標語 4

まずは相手の
心を理解
そこから伸びてく
心のパイプ

今や子どもと親とのトラブルや事件が後を絶ちません。辛すぎる！

この社会を作ってる大人の一人として、僕には何かできひんかったんか？　お節介なラジオＤＪとして、できることはなかったんか？　って、事件があるたびに、ええカッコやなく自分を責めてしまいます。

だから、ラジオや講演会で話すだけじゃなくて、僕のお節介なメッセージを一人でも多くの人に少しでも早く伝えて、僕にできることをしたいと思うんよね。

だから、こうやって、ガラにもなく２冊めの本をまとめてます。

こういう悲しい事件のほとんどが、「心（信頼）のパイプ」がなかったがために起こったんやと感じているんです。

つまり、**「親子なんやから心が通じ合ってて当たり前」っちゅう勘違い**やね。

確かに、命がけの態度で愛情を示せた昔の空気の中やったら、親子の信頼関係を作りやすかったんかもしらん。

でも、今の社会の空気はそんな感じやない。

毎週ラジオで、たくさんのリスナーの悩み相談にのったりコミュニケーションしたりしてる。

せやから、「あんなの親じゃない」って、憎しみや寂しさをあらわにする子どもや無責任な親がどんどん増えてることを、肌でビリビリ感じてるんです。

親子でも意識して、心（信頼）のパイプをしっかり作らなあかん。

それは、**親子関係だけじゃなくて、学校の先生と生徒でも、会社の上司と部下でも、プロスポーツの監督と選手でも、工場の監督やリーダーと職人さんたちでも、人間同士やったらどこでも当たり前のこと**やと思うんです。

「心（信頼）のパイプ」は、こっちから強制するもんやない。

標語④ まずは相手の　心を理解
そこから伸びてく　心のパイプ

必ず、相手から生まれて伸びてくるもの。

なのに、人はいつも自分の言いたいことを先に言おうとする。

特に頭ごなし教育を受けた僕らは感情的になりやすく、上からねじ伏せるような態度をとりがちやねんなあ。

こっちから「信頼しろ！」って何回も叫んでも、信頼は芽生えへんわなあ。

そんなこと自分に置き換えたらすぐわかるはずでしょう？

じゃあ、どうやったら芽生えるんやろ？

答はシンプル！　あなたが心を開いている人を思い浮かべたらすぐわかるでしょ？

その人はあなたにとって、**「誰よりも自分のことを理解してくれる人」**でしょ？

つまり答は、**「相手の心を理解する！」**っちゅうことやね。

そのためには**「本気の心でとことん話を聴く」「本気の心を態度で示す」**。

なんぼ「理解したよ」なんて思って口に出そうが、相手がそれを感じて、認めてくれへんかったらパイプは生まれてけえへんからね。

そして、見事、パイプが生まれてこっちに伸びてきたら、そこで初めて伝えたいことがそのパイプを通って伝わり出すんよね。

だから、子どもたち一人一人とも、親戚とも、家族とも、知り合いとも、友達とも、同僚とも、上司とも、部下とも、ＰＴＡ役員同士とも、一人ずつ、一本ずつ「心（信頼）のパイプ」を育ててほしいな〜！　めんどくさいと思ったらあかんでえ。

いっぺんパイプがつながったら、話がものすごいしやすくなるで！

ただし、パイプには日ごろのメンテナンスも必要やから忘れずに！

いつ壊れても壊してもおかしくないもんやからね。

標語 4 まずは相手の　心を理解
そこから伸びてく　心のパイプ

「自分のことを理解
してくれる人」の話は
素直に聴けるよ！
っていうのが人間よね。

標語5

人の心を
ほぐすには
説得じゃなく
納得！

おもちゃのたとえ話で説明しますね。

たとえば、おもちゃ売り場で「おもちゃ買って〜」って、幼い子どもが泣き叫んでることがようあるでしょう？

「買えません！ 置いてくよ〜」って、お母ちゃんが、子どもが叫んだ声と同じ大きさの声で言うて、歩いていこうとする。

その背中に向けて、さらに大きな声で子どもは、

「おもちゃ買ってよ〜」と叫ぶ！

それを受けてお母ちゃんが振り返って、

「しつこ〜い！ いつまで言ってるの！ お母さんはもう行くから、ずっとそこにいなさい！」と、大声を出して立ち去ろうとする。

すると子どもは、大きく息を吸って、さらに大きな声で、

「おもちゃ買ってよ～　ワ～ッ！」

そうやって、どんどんエスカレートしていくでしょう？

で、最終的には、最終手段で、お母ちゃんは振り返って、無言でツタツタツタって近寄ってきて、「パチーン！」という乾いた音とともに平手爆弾を投下し、「いい加減にしなさい！」と子どもの手からおもちゃを奪って売り場に戻して、子どもの手を引きずるように強制連行して連れて帰る。

みんなも、身近でこういうシーンを見たことあるでしょ？

ある意味、日本の風物詩やね？

僕は、こういうシーンに遭遇するたびに、泣き叫びたくなるねん。

「お母ちゃん、そっちに行かないで～」って。

そっちっていうのは、**子どもの「おもちゃ買って〜」っていう感情に引き込まれて、その感情と同じテンションを引き出されてる**こと。

そうなると、まず体力を消耗し、精神力も消耗し、挙句の果てにのどは乾いてきて、腹筋まで割れてくる（注意：個人差がございます）。

そして、ついには、子育てに対して自信を失ってしまう。

だから、「そっちに行かないで〜」。

じゃあ、どっちに行ったらええんやろ？

「おもちゃ買って〜」って叫ばれたら、まずその子どもを「小《ちっ》ちゃいチンピラ」やと思ってください。

そ〜っと近づいて、まるで優しい腕のいい刑事になった気分で、目線を合わせて静かな声で、「まあまあ落ち着いて。そんなに大きな声を張り上げなくても聞こえますから」って、優しく声をかける。

「どうされたんですか？（どうしたの？）」

「おもちゃ買ってほしいんじゃゴラ〜（おもちゃ買ってほちい〜）」

「どのおもちゃでしょうか？（どのおもちゃなの？）」

「見たらわかるやろ〜ゴラ〜（このおもちゃ）」と差し出されたスポーツカーを見ながら、

「あら！　かっこいい車ね〜。これは買いたいわよね〜」

「オッ？　おまえわかるか？（うん！　買ってほちいの！）」

「あら、ドアも開くのね。これは買いたいわね〜」

「オッ？　なかなか話のわかるやっちゃな〜（うん！　買ってほちい！）」

と、まずは子どもの心をママはいつでも理解してあげられるのよという態度を示せば、小《ちっ》ちゃなチンピラも落ち着いてきますよね。

とは言え、すぐに買ってしまったら、ただの過保護ですよね。

だからそのあとで、

「困ったわ～、ママ」と、悲しそうな顔をして言う。

「どうしたの？　ママ」

「シュウくん。ママの財布を見てくれる？　30円しか入ってないの。これじゃあ買ってあげたくても、買ってあげられないわ。ママ困ったわ」

世界中の子どもたちはもともと、お母ちゃんに嫌われたくない、好かれたいと思ってるでしょ。

だから、**「ママ、シュウくんの気持ちわかる」って言うてから、子どもに相談を持ちかけてみるんです。そこで、2~3のメニューを見せる。**

たとえば、一つめは、

「今日はず~っとおもちゃ売り場にいていいよ。シュウくんの気持ちがわかるから。でも、ママは、パパのごはんを作らないといけないから帰ります。シュウくんはどうする?」

二つめは、

「ママのこの時計の長い針がここにくるまで(10分間とか)、おもちゃ売り場にいていいわよ。その間、待っててあげる。あなたの気持ちがわかるから」

三つめは、

「そのおもちゃを置いて、今すぐママと一緒にお家に帰って、パパにカッコいいスポーツカーがあったんだよ〜って、ママも一緒にお話ししてあげる」

「この三つの中から、シュウくんが選んでくれる？」

するとなかには、四つめのメニューを独自に出してくる子もいますね。

たとえば、「ママ、この時計の針がここにくるまで待って」って、30分間をリクエストしたり、「30円で買えるおもちゃを買って」って言うたり、「もしパパがダメって言ったら、ママが買って〜」って言うたり。

そこで歩み寄ることもあってええと思うんですね。

四つめのメニューで折り合いがついたら、子どもは泣かずに素直におもちゃを置いて一緒に帰ることもできるんよね。そのあとすぐ忘れてたりもするしね。

ここで重要なのは、子どもは、「まずはおもちゃを買ってほしいという、その気持ちをわかってえ〜」と叫んでるということ。

そして、子どもはプレゼンテーションが下手だということ。

「ママ、わたくちにとって、なじぇこのオモチャが必要不可欠なのか、具体的に説明させていただきまチュ」って言い出す幼い子がいますか？

いずれにしても、**子ども本人が決めると、納得できる。**

まずは話を聴いてもらえて、気持ちを認めてもらえたら、おもちゃへのこだわりが少々うすらぐこともあるやろうし。

大人も子どももチンピラも、まずは気持ちをわかってほしいんやね。そして、「納得させてほしい」っちゅう気持ちは同じやと思うんですね。


納得できれば、人は動くねん。説得じゃなく納得！

標語5 人の心を ほぐすには 説得じゃなく 納得！

「気持ちを受け止める」
＝
「同調する」
と、「安心」が生まれるから、納得しやすいんよね。

標語6

メニュー・解説・
味きき・決定
支払い責任
子育てソムリエ

標語6 メニュー・解説・味きき・決定 支払い責任 子育てソムリエ

実は子育てや人育ては、めちゃくちゃシンプルなはず！

極論言えば、「優しくカッコイイ大人を見せる」。

それを子どもたちは、まるでままごとの延長のようにマネていくだけ。

みんな実は知ってるはず。

だから僕は、どこの講演に呼ばれても、**「子育て（人育て）は、ソムリエ」**と、

シンプルな形にして、次の五つの段取りを話してるんですね。

①メニュー…まずは、その時その時の必要なメニューを作ること。

②解説（アドバイス）…それぞれについてのリスクや利点などを解説する。

③味きき（テイスティング）…できるだけ、リアルに感じられるように伝える。

④決定…必ず本人に決めさせることが重要。それが自信になり、勉強になっていく。

⑤支払い（＝責任）…責任のとり方を学ばせる。失敗を乗り越える力を養う。

たとえ話で説明しますね。

雨が降った日に幼い子どもと外出する時、たいがいは親が決めた服装をさせて、傘を持たせますよね？

実はこれは、親の願いに反した行為と言ってもええぐらいやと思うんです。

まったく誰のためにもなってない行為なんですよ。

親は子どもに幸せになってもらいたい。それなら、その幸せをつかみ取るための生きてく強さを身につけてほしいと思うはず。

ならば、**ものを言える年頃になったんなら、メニューを示したあとは、自分で決めさせるべき**やと思うんですよ。

山本家の場合…。

まずははき物。

①サンダル…「はき慣れたお気に入りのサンダルですが、雨にぐちゃぐちゃにぬれて気持ち悪くなって泣くし、風邪をひくかもしれないよ？」
②白のスニーカー…「大好きな絵が描いてあるスニーカーだけど、間違いなく汚れてドロドロになって、泣いちゃうよ？」
③長靴…「お勧めの、雨をはじいてくれる長靴です！」
と言って、本人に決めさせるんです。

子どもはたいがい、「サンダルがいい！」とか、思わず「なんでやねん!!」と突っ込みたくなることを言うんですね。

それでも、「かしこまりました」と、言うことを聴いてあげる。

同様に、
①Tシャツ…「好きなプリントがされてるけど、寒くて風邪をひく恐れがありま

す」

②トレーナー…「同じく好きなプリントがついています。こちらは暖かいです」

③パーカー…「お勧めの、雨をはじく素材のパーカーです！」

「どれにしますか？」

「Tシャツ！」

「風邪ひいちゃいますよ？」

「いいの！」

同様に次は、

①スカート…「今日は寒いから、これをはいたら確実に風邪ひきますよ！」

②デニムのパンツ…「これはまだお勧めできるほうですね」

③雨をはじく素材のパンツ…「絶対このパンツを一番お勧めします」

「どれにしますか？」

「シュカート！」

「ええっ!?」

「シュカート！　シュカート！」

「かしこまりました」

たぶん、こんなやりとりを娘とパパがやっていたら、それを見たお母さんから、

「何してんのパパ！　洗濯を誰がすると思ってんのお！　それに風邪でもひいたらどうすんの！」と、パパが叱られることが多いでしょうね。

それでも、その格好のまま外に出ます。そしてしばらくすると……

「ママ〜。気持ちわ〜る〜い〜！　ビエ〜〜〜ン！」と、足元がぐちゃぐちゃになった娘は泣き出します。

ここで世紀の瞬間を迎えます。

「どうしたの？」

「気持ち悪いの！」

「わ～ホンマやな～。これは気持ち悪いね～」

「ぎ～も～ぢ～悪～い～ビエ～ン！」

「でも、このサンダルはどちらさまがお選びになられたのですか？」

「わ～だ～じ～（私）」

「そうやんなあ、パパはアドバイスしたやんなあ？」

「う～ん」

「それなら仕方がないから歩いてくださいね」

ということで、こんなことも1回や2回すればいいだけで、子どもは、「くそ～悔しいけどこれからはアドバイスを聞こう」って考えるんですね。

うちの子はその後、中学生のころは自分で調べて赤十字のボランティアに行き出し、高校も自分でメニューを作って選んで、特待生で進学しました。

韓国に赤十字の交流会に行き、この間も一人で韓国の友人を訪ねて行ったし、今年の夏から一年間は海外に留学します。

全部自分で考えて決めはりました。

もちろん相談にも軽くのりましたし、アドバイスもしました。リスクも伝えました。

こうやって書くとまるで自慢げに思われるかもしれませんが、まったくそういう意味じゃないんです。

たまたま僕は、幼いころいわゆる「カギっ子」ってやつで、ほとんど家に親がいてなかった。僕自身、嫌でも自分でなんでも考えてやらなしゃ〜なかった。

そんな環境下にいたから、子育て初心者だったにもかかわらず、何が大切か？っちゅうことを体で感じてきただけなんです。

つまり、**子育て（人育て）は、誰にでもできる簡単かつシンプルなことなんや**とお節介に言いたいだけなんです。

まだまだ僕も勉強中やし、娘もまだまだ失敗を繰り返すでしょう。

ただこれだけは言えます。子育てを教えてくれたのは、結局、相手にしている子どもも自身やったたっちゅうことです。

まさに、**「子育ては親育て」**なんですね。

標語6 メニュー・解説・味きき・決定 支払い責任 子育てソムリエ

メニューを作って、
自分で決めて、責任を
とっていく。
「生きてく強さ」を身
につける基本やんね。

標語7

「怒る」は感情
「叱る」は注意
何より大切
「気づかせる」

「怒るより叱る」って、教育界とか子育ての世界で、よう言われてますよね？

でも、それもちょっと違うんちゃうかな〜って、ずっと思ってたんですわ。

「叱る」のも違うんちゃうん？


「叱る」っちゅう言葉には、答が先にあって、それを押しつけてるニュアンスを感じるんよね。


たとえば、子どもを叱る人がおったとして、その人は、ＰＴＡ役員の仲間を叱るやろか？　たぶん、叱るっちゅうニュアンスやないと思うねん。

あるいは叱る人もおるかもわからんけど。

僕やったら、叱らへん。気づいてもらおうとしてるだけやから。

たとえ話で言うと、家でお母ちゃんが、夕ごはんの焼きそばを作ってるとするでしょう。

「今シュウくんのために、焼きそば作ってるから、そこでオレンジジュース飲みながら、お絵描きでもして待ってて」

その横のテーブルのはしっこに、オレンジジュースの入ったグラスが置いてあるとする。

お母ちゃんはそれを見て、

「ちょっと！　そんなはしっこに置いてたら、ひじが当たってジュースこぼすよ！」

と、注意する。

ところがそのあと、お母ちゃんの背中に、**ガシャ〜ン　パリ〜ン**という破壊音が突き刺さる。

振り返りながら、まるで低空飛行のジャンボジェット機が子どもに近寄ってくるかのように、声がだんだん巨大化していく。

「お母ちゃん、さっき言ったばっかりでしょう？
いい加減にしなさい。あんたは〜！」

と、飛行機ではなく、平手が飛んでくる。

これを「怒る」って言うねんな。

僕はそこで叫びたくなる。

お母ちゃん、そっちに行かないで〜。

これでは、何も伝われへん。

伝わったのは、お母ちゃんがジェット機に似てるっちゅうことだけ。

あるいは、Ｆ１の車みたいに「速くて、音がデカくて、危険」ってことだけ？

この場合、ガシャ〜ンっていったそのあと、たとえばこんなふうにしたらええねんちゃうんかな?

振り返ったお母ちゃんが、

「こぼれたよ。どうするのかな? 早く動かないと、マンガがぬれるよ。台ふきはそこにあるよ。どうすればいいのかな?」

って言うて様子をうかがう。

子どもは、台ふきを使ってこぼれたジュースをふきとる。

「どこでしぼればいいのかな?」

と、お母ちゃんが少々のガイドをするだけ。

そのあとで、

「ママは今、シュウくんのために焼きそばを作ってるから、焼きそばを作り終わったら、その『**オレンジジュース爆破テロ事件**』について、ゆっくり真相をおうかがいしましょうね」って言うたらええ。

そして、焼きそばができたら、

「オレンジジュース爆破テロ事件のことだけど、真相を聴かせてくれるかな?」って優しく聴きながら、最終的に**傾向と対策**を話し合い、子ども自身に今後の**防災策**を考えてもらう。

さらに、もしもふたたび同じ失敗を繰り返したときには、どう**落とし前（＝責任）**をつけて（とって）いただくか、それも自分で決めてもらう。

ただし、その提案が甘い、あるいは意味がないと判断した場合は、さらに話し合いを続ける。

こうやって、最終的に、子どもが自分で、納得できる答を出すことが望ましいんちゃうんかな〜と思います。

「怒る」というのは、感情をぶつけて、ただいらだちを伝えることにしかならへんと思うんですよね。

それに叱っても、本人が気づかないうちは、したらあかんっちゅうことを押しつけてるだけにとどまることが多いと思うんですよね。

自分がなぜ失敗をしてしまったのか、どうすればその失敗を繰り返さずにすむのかを、自分自身で気づかんかったらまったく意味がないんですよね。

伝えたいことと、伝わることは、まったく違う。

伝えたいことがあるんやったら、伝え方を考えなあかん。

もちろん、叱ることで伝わる場合もあると思いますよ。

でも、あくまでもこっちが答を用意したらあかん。

ましてや、こっちが用意した答を押しつけたらあかんよね。

答に気づくように、本人が考えなあかんのやからね。

自分で気づいていくように、ガイドする。

1＋1＝2やろ！　って言うたらあかんのですよね。

僕は今大学で、教職論の講義をさせてもらってますが、そこでもまず黒板に書くのが、「教師は教えるな！」です。

自分で気づけるようにガイドすること。

生きてく強さを学ぶっちゅうことは、いかに答を教えへんと、自分で答を考えられるようにするか？　その力をつけていくか？　やと思うんですよね。

だから教育の「教える」っちゅう字が、そもそも違うっちゅう気もする

んですよね。

それはまるで音楽と一緒やと思う。

聴いているうちに、自分の心の中の感性の扉が開いて、何かに気づく感じ。

そういう音楽を「心に響く」と言う。だから**「響育」**って感じで漢字やろうなあ。

生きてく力を、ホンマはみんなもともと持ってんのよね。

自分の答を引き出すんよね。

もともと持ってる生命力を引き出す。

それを逆に押さえ込んだら、違うんちゃうかな〜。

もともと持ってるハズ。

そういう僕自身、みんなに僕の考えを押しつけてるように思われたら、それは、僕のプレゼンがヘタくそなんやろな〜。僕はガイドしてるだけ。

あとは、これを読んだみんなが、自分で考えて気づいていくことやと思てます。

標語7 「怒る」は感情「叱る」は注意 何より大切「気づかせる」

「気づけない」
＝
「もっとわかりやすくして！」
ということやから、さらに伝え方を考えることで、大人も成長できるんよね。

標語8

「聴く」と「聞く」では大ちがい「信頼できる」と「信頼できない」

昔からよう言われてるけど、「聞く」と「聴く」とは違うんよね。

「聞く」っちゅうのは、鳴ってる音などが勝手に聞こえてくること。

「聴く」っちゅうのは、注意を向けて、傾聴すること。

また、焼きそばシリーズのたとえ話で説明しますね。

子どもが帰ってきて、焼きそば作ってるお母ちゃんに、「今日、学校でね…」って話しかけてるとするでしょ。

お母ちゃん、たまに振り返って「ふんふん」って生返事してるけど、やっぱり子どもに背を向けて焼きそば作ってる。

それでも子どもはあきらめずに話し続ける。

話を聴いてもらえてるんかどうか、だんだん不安になってきた子どもは、

「ママ、聴いてる?」と問いかける。

それでもお母ちゃんはやっぱり、「ふんふん」って同じ返事をしてる。

あきれて話すことをやめた子どもに気づいて、お母ちゃんが振り返り、

「もういいから、焼きそば入れるお皿出しときなさい」としめくくる。


子どもは、こうして、「ママは子どもの話をちゃんと聴いてくれない人だ」と教えられる。


これぞ、親の背中を見て、よくないことを学ぶっちゅうことよね。

いずれその子も親になって、同じことを繰り返すんかな〜。

って言うたら、お母さんたちから、「忙しいのに、そんないちいち子どもの話聴いてたらふらふらになるわ〜」っちゅう声が聞こえてきそうですねえ。ごめんなさいね。

お母さん方が忙しいのは、よ〜くわかります。

ホンマにいつもありがとうございます！

大切なのは、「ママは、ぼくの話をちゃんと聴いてくれる人だ」というう信頼を壊したらあかんっちゅうことなんですよね。

だから、こういう場合やったら、たとえば、

「ごめんね。ママはその話を聴きたいわ。

でも、今はシュウちゃんのために焼きそばを作ってるから、できあがったら焼きそばを一緒に食べながらママにその話を聞かせてくれる？

それまでオレンジジュース飲みながら、お絵描きでもしながら、待っててくれる？」

っちゅう感じで話したらええんちゃうんかな〜？

大切な子どもの話やねんから、忙しがらずにちゃんと聴いてあげれば、ママは僕の話をちゃんと受け止めてくれる人だっていう安心と信頼関係が生まれるんやね。

その信頼さえあれば、思春期を迎えようが、どんなことが子どもに襲っ

てようが、いつまでも親子関係が崩れることはない。

今は、この信頼関係が問題になっている時代やからこそ、めんどくさがってる場合やない。話を聴くから子どもの心に**「安心」**という宝物を生むことができるんよね。

さらに、その子ども自身も、お友達の話をしっかり聴ける優しい子として、お友達から愛されていくこと間違いなしやからね。

生返事するくらいやったら、あとで聴くからねって言うて、あとで必ず聴く。

それから、話を聴く時は、しっかり目を見てちゃんとうなずくことも、とても大切やと思いますね。

それで安心感が子どもに生まれたら、信頼関係がグッと築きやすくなると思うんです。

子どもの心に安心感が宿らんと、その先大きな溝へとつながりかねないからね。

「聴く」姿勢が「信頼できる」につながる。その姿は、「愛し方」をも伝えてるんよね。

標語 9

挨拶大切
なぜだかわかる？
人を愛する
自己表現

「挨拶はどうしてしなくちゃいけないの？」

って子どもから聞かれたら、なんて答えますか？　即答してみてください。

「人間としての基本だから」
「コミュニケーションの入口だから」
「挨拶されて気分の悪い人はいないだろ？」

とか、いろんな答え方を耳にします。

どれも間違ってへんと思うんですけど、ぶっちゃけ、子どもたちには「意味わかんない！」とか、「びみょう〜」なんて言われると思います。

子どもがそんなふうにリアクションしたら、大人は「だから今その意味を答えたでしょう！」って呆れ顔で突っ込みたくなるでしょう？

でも、それは、**説明してるという〝気になっている〟だけ**なんですよね。

家の中や、会社の中、そんな社会のいたるところで、同じような**「共通言語が見当たらない症候群」**が起こってると思うんですよ。

その原因はズバリ、説明が「命」と「愛」の話につながってないからです。すべての理由の根っこであるはずの「命」と「愛」につながる話ができていないから、通用しないいんだと思うんです。

逆に言うと、僕らの世代は、そういう説明を受けず、頭ごなしで、押しつけや命令口調で教えられてきたんですよねえ。

もちろん、「自分の親は、いつも命につなげてあるいは愛につなげて、納得のいく説明をしてくれてたよ」という人は、問題なく次の世代にもわかりやすく納得できる話を語り継いでいけてると思うんですね。

今は、大人が何を偉そうに語っても、説得力に欠ける事柄に対しては、子どもたちから、素直にひと言「意味わからん！」ってストレートに言い返される。そういう時代がやっと来たんです。

昔なら、「誰に言うとんじゃ〜！」「なんやその言い方‼」バシッ‼ ですよね。間違ってましたね。残念。

僕たちは、当たり前のように思い込んでることを、**子どもたちにわかる言葉で、愛や命につなげ、人間味のあるお話として、子どもたちが〝納得〟できる伝え方で、伝えてこなかったことに早く気づかなあかんのよね。**

ちなみにレモンさんは、子どもたちにこう答えてます。

「もしもあなたの大切なお友達がしゃがみこんで泣いているのを見つけたら、あなたはどうしますか？」

「どうしたの？　って聞く」

「そう！　どうしたの？　って聞いている、それが挨拶なんよ！

だから**挨拶は〝人を大切に想う愛の気持ちがあるから〟するんよね**」って。

ということは、何か気づきませんか？　えらいことに気づきませんか？

そうです！「挨拶」を説明する前に、〝みんなの命や存在がめっちゃ大切なんや！〟っちゅうことを説明しとかんと、「あんな子のことは別に大切じゃないし。挨拶する必要ないし」みたいなことを思う人が必ずいるでしょう。

だから、標語2とか3の話を先にして、みんなが誰かの「お蔭様」になっていて、必要じゃない命なんか一つもなくて、必ず誰かを支える尊い命なんやで〜って、納得のいく説明をせなあかん。

そうして、人を大切に想う愛の気持ちを育てていかなあかんのやと思いますね。

標語9 挨拶大切　なぜだかわかる？ 人を愛する　自己表現

「挨拶」は「愛」なん
だとお目目をハート型
にして、挨拶しまくっ
てね！
気づきまくるよ！

標語10

勉強は
生きてく強さを
学ぶこと

この標語には三つの想いを込めてるんです。

一つめは、**「なんのために勉強するのか？」という問いに対して、中学・高校生でも大学生でも答えられる人が少ない**っちゅうこと。

つまり、**それを子どもたちに教えていない、あるいは伝え切れていない先生や親が多い**っちゅうことやねんね。

子どもたちにわかりやすく伝えてほしいんですわ。

もちろん、答は、標語に挙げたこの一つだけやないでしょう。

ただ、「いい大学に行くため」なんて答えて、「落ちこぼれ」なんてコトバを使い続けたらあかんと思います。

もともと「落ちこぼれ」なんていなかったんです。社会がそう思わせただけなんです。

だから、今まさに、そう思わされてた僕らの世代が生き方に迷ってしまって事件が起こりまくってます。

同年代よ！　生き方に迷うなかれ！　つながり合ってお節介し合って笑い合えれば、それで幸せ！　あきらめないで‼　プライドは見栄やない。自尊心を一緒に取り戻そう！

確かに「いい大学に行く」のも幸せになるプロセスの一つだったかもしれませんが、幸せのつかみ方はそれだけでは決してないっちゅうことです。

二つめは、**勉強をする意味を教える前に、命の尊さや、生きることとの基本的な意味を、子どもたちに教えておく必要がある**っちゅうこと。

勉強の意味と命の意味は、つながってるんよね。

標語10 勉強は 生きてく強さを 学ぶこと

お母さんやお父さんや僕たちすべての大人の願いは、「子どもたちの幸せな人生」ですよね？

それは世界共通のはずですね？

何もテストで100点を取ることがすべてやないし、点数が低いといって人間の価値と関係することでもないでしょう？

昨日の自分より今日の自分が、さらに明日の自分が一歩前進しているということで、自信を身につけていく。まわりと比べる相対評価よりも、そんな絶対評価が何より大切なんですよね？

三つめは、なんのために勉強するのか？　だけじゃなくて、なんのために理科を学ぶのか？　算数は？　国語は？　社会は？

って、**基本的に、子どもたちにさせてることすべてにおいて、その理由や目的を子どもたちのわかる言葉で伝える必要がある**っちゅうこと。

「頭ごなし教育」が、あとあと自立への弊害になっていくことに、いまだに気づいてない大人のいかに多いことか！　それでも誰も悪くはない。

しかし、当然、子どもにも人権がある。

「させられること」の理由を知る「権利」がある。

だから、大人には、その理由を伝える「義務と責任」がある。

それなのに、そんな重要ポイントが理解されてへんのが現実やと思うんですよ。

とは言うても、僕自身、いまだに生きてく強さを確立できなくてくじけそうになることもあるんですけどね…。

だから、**人生死ぬまで勉強！　勉強！**　やねんな〜！

標語⑩ 勉強は 生きてく強さを 学ぶこと

若い子の「意味わからん!」に答えるヒントは、「命」と「愛」につなげて説明することやね。

標語11

学校は心《しん》・脳《のう》・体《たい》を鍛えるところ

僕たち大人は意外と子どもたちに、一番最初に一番大切で肝心なことを説明してへんことが多いんよね。

前の標語で説明したことの続きやけど、**「学校は何をしに行くところ?」って子どもたちから聞かれたら、すぐにわかりやすく説明できますか?**

「心《しん》・技《ぎ》・体《たい》」という言葉がありますが、レモンさん流には、**「心《しん》・脳《のう》・体《たい》」**。

それを、子どもたちにこう話してます。

学校では三つのことを鍛えているんだよ~。

一つめは「心」。

みんなの心には実はね~、「優しい心」と「優しくない心」が両方住んでいます。

みんなは優しいお友達と、優しくないお友達とどっちが好き?

優しいお友達だよね~。

だから学校では、優しい心を鍛えますよ〜。

そのためには、「強い心」が必要なんですよね。

それに、元気がなくなった心を、また元気にさせるのも、その「強い心」だからね。

二つめは「脳みそ」。

たとえばね、今日お父さんとお母さんが、宇宙人にどこかに連れて行かれたとしたら、あなたは明日からどうやって生きていきますか？

どうやってごはん作る？　お洗濯は？

もし病気になったり、お金がなくなったりしたらどうする？

そういう時にいいアイディア＝考えを生み出すためには、脳みそを鍛えておかないといけないいんだよね。

お勉強していて、なんだか難しいな～って思っている時が「ラッキータイム！」で、一番鍛えている時だから、難しいな～ってたくさん思えば思うほど鍛えられるんだよ。だから、そういう時は**「ラッキータイム！」**と言ってみよう。

三つめは「体」。

お友達と一緒にたくさん遊んだり勉強したりしたいよね～？
しょっちゅう風邪をひいたり熱を出したりしてたら、それができないよね？
だから体育とか運動会や遠足なんかで、体をしっかり鍛えないとね？
それにね、心と、脳みそと、体は、全部つながってるんだよ～。
だから、体が元気じゃないと、全部元気じゃなくなっちゃうね。
体が元気だと、全部元気になるんだよ～。

…って、簡単に書くとこんな感じなんですわ。

さあ、あなたの答はどうでしょうか？

もちろんレモンさんは、中学・高校生や大学生の前でも学校について話します。

子どもの年代に合わせて表現も多少違ってきますね。

ですから、あなたも、あなたの言葉で子どもたちに話してみてください。

ここで注意せなあかんのが、「伝えた」という〝気になっている〟だけじゃないかっちゅうことですね。

伝わらんかったら、また考えてみる。伝わらない「伝え方」は、子どもたちが「それは伝わらないでチュ」と教えてくれるんですよね。

子どもたちにわかる言葉で、大切なことを伝えていきましょね。

標語⑪ 学校は 心・脳・体を 鍛えるところ

学校は、僕たちのシンセキや先輩たちが、「幸せに生きてくんやで〜」って残してくれた愛のプレゼントのはず。

標語12

教育は幸せつかむためのもの

標語⑫ 教育は 幸せつかむ ためのもの

標語10、11、12は、僕の中では3点セットなんですわ。

勉強も学校もすべてが、今までの歴史を生きてこられた、あなたや僕も含めてみんなの家族やシンセキである、先輩方の愛の結晶やと思てます。

つまり、**教育は、先輩方の熱く生きた歴史に刻まれた想いを感じながら、次の世代にその想いを届けていくことでもある気がします**。

現に、大学で非常勤講師として教える側でもある僕も、講義を受けてくれてる学生さんに届けられないとまったく意味がない、と思いながら講義をやってます。

僕の講義は、まるでライブです！（講演会も、まるでライブです！）

心を揺さぶられてこそ、人間は行動を起こせる。

自信を失ってる学生さんがほとんどやから、「そうやないで！　**みんな自分の中から自信がわいてくるはずやねんで**」って、感動できるように伝えんと、なかなか行動につながれへんのですよね。

相手の心に響いてこそ伝わる、まさに、教育＝「響育」。

だから、今回の標語で伝えたいメッセージは、ズバリ！

「教育＝幸せへの道しるべ＝自立すること＝生きてく強さを学ぶこと」

という軸を見失わんといてな～！っちゅうことです。

先生やすべての大人たちの願いは、万国共通、「子どもの幸せ」ですよね？

「幸せ」であるために必要なことは、大人ならみんな知ってるはず。

それは、どんな困難が訪れようと、「幸せ」に生きることをあきらめないで生きること。

つまり、「生きてく強さ」を身につけることですよね？

標語⑫ 教育は 幸せつかむ ためのもの

それを人は「自立」と言うのかもしれませんね。

でも実際は、日本中で大切なシンセキが現在、毎日平均90人も、生きることをあきらめて天国にいってます。

僕は悔しいです。

特に、僕より先輩の50代・60代の、いちばん働き続けてくださったシンセキが多く亡くなられてます。

僕ら後輩が支え切れていないことが悔しいです。

同時に、**この国では今まで本当の自立を教えられてこなかったのではないか？**と悔しく感じてしまいます。

自ら命を絶たなくてはならない理由があったとしても、残されたご家族やその方を愛していた人たち、そして僕はただただ辛く、寂しいです。

あなたに会いたいんです！

幸せになることの意味をどう感じておられたのか？

だからこそ僕は、先輩方の命を無駄にしないためにも、自分のできることをあきらめずに、ぶっ倒れる寸前までお節介をしようと思てます。


今、多くの子どもたちが自信をなくしています。

僕は自分の責任を痛感しています。

この社会の管理者、責任者の一人として、カッコ悪さを感じています。

悔しいです。

だからこそ、一人でも多くの子どもたちに、自信と生きてく強さを持ってほしいと願って自分なりに行動を起こしてるんですよね。

こんな書き方をしたら、「何ええカッコしとんねん！」と叱られるかもしれませんが…。

今の大人がカッコ悪いから、こうなってるんですよね。

夢を語る大人が減ったから、子どもたちが夢を見失うんですよね。

大人の中にイジメが存在するから、子どもたちがイジメをするんですよね。

ただそれだけのことですよね？


僕たち大人がみんな優しくて、強くて、まわりの人とつながって、夢を見ることをあきらめんとカッコよく生きてたら、子どもたちはみんなままごとの延長のように、ただマネをすればええだけなんですよね、本来は。

まずは、僕ら自身が「自立」する。

そのために必要なものは、「自分を信じる心＝自信」ですよね。

次に、**一人一人の子どもの中から「自信」がわき上がってきて、「生きていく強さ」が身につくように、子どもがもともと持ってるものを引き出す。**

かつての偏差値教育、「教育＝いい大学に行かせること！」っちゅう受験戦争経験者の僕は、**今の子どもたちを巻き込む痛ましい事件は、「心」を置き去りにしてきた教育のつけが回って起きてるんや**と、強く感じてます。

もちろん当時も、「子どものことを想う愛」は存在しとったけど、「心を育む」ことが不充分やったんやろな〜って痛感してるんです。

学校で今起こっているイジメ問題、給食費の未納問題、学級崩壊などは、すべて「心」の問題やん？

標語⑫ 教育は 幸せつかむ ためのもの

なんで小学生も自殺し、多くの若者が自信を失い、先生や大人たちの心までもが壊れ出し、学力が低下し、教育再生が叫ばれてるん？

その答を、実はみんな気づいてるはずやん？

先生方も、文部科学省や教育委員会、校長先生や同僚たちの顔色、それにＰＴＡや保護者の顔色ばっかり気にしてる。

自分の立場を優先して、今までのしきたりに理不尽さを感じながらも合わせてる。

ハッキリ言うけど、「立場」なんてコトバでごまかすのはもうやめませんか？　人を愛せる、カッコいい自分として行動することこそが僕にもあなたにもあるホンマの「立場」なんですから！

そんな**教育現場に存在する軸のずれこそが、その答なんちゃうん？**

その軸のずれとはズバリ！　「自分さえ」という考え方やったんちゃいますか？

「自分さえよければいい」なんてあきらめてまうのが「立場」なんかじゃない！

あきらめずにいることこそが「立場」やと思います。

子どもが毎晩毎晩、誰にも打ち明けられない悩みを、わざわざラジオのＤＪにしてくるんですよ。

大企業とかの問題にしても、この時期の株の暴落の原因にしても、よくよく突き詰めると、みんながみんな「自分さえ」になってどこが悪い？　って開き直ってきたからですよね？

それでも、これは今だけの問題やなくて、時代の流れの中で起こってることやから、

標語⑫ 教育は 幸せつかむ　ためのもの

誰を責めることもできひん。誰かが悪いんやなくて、僕らみんなの責任なんよね。

もちろんそこで闘っている先生も親御さんも大人もたくさんいらっしゃいますが、
残念ながら結果的には今の実情が答なんですよね？

だから、**今こそ、この社会の管理者で責任者である僕たち大人全員が、教育の原点に戻って、「本気」で考え、行動することが大切やと思うんです！**

正しい軸を再確認して、**先生と保護者とすべての大人がシンセキとして、スクラムを組んで、お互い戒め合い学び合う必要がある**と思うんです。

自分や自分の子どもをホンマに守りたいと思うのなら、「自分さえ」の考え方ではまったく逆やったんやと、もう気づかなあかん時代やっちゅうこと。

ホンマに自分を守り、自分の家族や大切な人を守るために必要なのは、まわりを愛し、つながっていくこと。そうすることで、まわりから愛され、自分が助けられていく。

そう気づけた人から、ホンマの幸せの意味を知り、子どもたちに大切な意味を受け継いでいけるんやと強く強く思てます。

その意味を確認するためには、みんなシンセキなんやっちゅう気持ちで、少しずつでいいからあきらめんと過ごしてみてほしいと願います。

いろんな風景が見えてくるはずです！　って、お節介なこと言わせてもらいます。

標語⑫ 教育は 幸せつかむ ためのもの

ちょっと熱くなり過ぎましたよね？　スイマセン。
そんな、あなたにもある「熱さ」「優しさ」が、響育に必要なんですよね。

標語13

みんなの心の
叫びは同じ
「誰か私を
わかってよぉ!」

標語13 みんなの心の 叫びは同じ「誰か私を わかってよぉ！」

「この夏休みに一体何があったんや〜？」

って思わせるような、変化の著しい子どもがたまにいてますよね？

いわゆる「夏休みデビュー！」してる子。

それが良い変化やったらええねんけど、悪い方向に変化した子もおるかもわからん。

この「良い」とか「悪い」っちゅう言葉にもまた、大人の押しつけを感じることが多いねんけどね。

なんでこの日本には、**授業の進行を妨げる子どもを「問題のある子＝悪い子」って決めつけるような空気**があるんやろ？

僕は叫びたい!!

「子どもには一切罪はないねんで〜!!

そんな子どもを救えない大人たち全員の責任やねんで〜!!」。

こう言うと、僕の言い方じたい、頭ごなしやと思われてしまうかもしれませんが…。

この日本で**「頭ごなし教育」**が行われてきたのは事実やと思うんですよね。

子どもを〝ガキ扱い〟して、ほとんどの親が子どもに「これしなさい！　あれしなさい！」って命令してきたでしょ？

でも、子どもたちが高学年になってくると**「思春期＝自我の目覚め」**が始まって、今まで「はい！　はい！」って〝良い子〟を演じさせられてきた子どもが、**「ん？　ちょっと待てよ？　おかしくないか？」**って気づき出して、自分の意見を主張し出すんよね。

でも、体験値に経験値、知識などが大人より少ないから、大人にわかりやすく言い返すことがなかなかできへんねんな。

だから、せめて「いやや（NO！）」って主張して、「理由は？」って聞かれても、

標語13 みんなの心の　叫びは同じ「誰か私を　わかってよぉ！」

「嫌なものはイヤ！」って反抗、抵抗して、それでなんとか自分という個人の主張を保つしかないのが反抗期なんよね。

思春期の問題以外にも、家庭や学校での問題、ストレス、寂しさ、あるいは、大人から受けた心の傷、プレッシャーとか、いろんな理由があるんよね。

だから大切なんは、まずは、その本当の理由を探し出し、聴いて理解すること。

それで子どもが、「この人は僕のことを理解してくれた！」って思ったらそこで初めて、こっちの言うことを素直に聴く気になるんよね。

「悪い子」扱いで始まったら、よけい心を閉ざしてまう!!

「誰か僕の心を理解してくれる本当に優しい大人はいないのか!!」ってわかりやすい言葉にして表現できない子どもたちの、心のＳＯＳの声を本気で聴かんと、解決の道は見えてくるわけないと思うんですよね。

それは、子どもに限らず、大人もみんな同じやと思うんです。

「悪い子」「悪い人」って扱われたら、どうしても悪ぶり出す弱さを持ってるのも人間やし。

それでも、そんなことにごまかされることなく、本当の内なる心の叫びを聴き出して、そして理解する。

まずは、そこからスタートせなあかんのよね。

標語13 みんなの心の 叫びは同じ 「誰か私を わかってよぉ！」

世の中誤解だらけ。
だから、
「わかろう！」という
愛が大切なんよね。

標語14

プライドは
自分の中の　カッコよさ
優しく生きる
強さが誇り

標語⑭ プライドは　自分の中の　カッコよさ　優しく生きる　強さが誇り

「みんなの前でよくも恥をかかせてくれたな！

俺のプライドが傷ついた！」

などと、のたまっている人をたまに見かけるんですが…。

それも大企業のお偉いさんやら、政治家さん、みんなから「先生」なんて呼ばれている人に多いねんなあ。もちろんみんなやないよ。

僕はそのたびに心の中で、**「カッコ悪ぅ〜」**と思てました。

本当に人間として**「カッコええな〜」**って思える素敵な大人ともたくさん会うてきたから、その違いは歴然でした。

大人になって気づきました。

カッコ悪い大人が言うてる「プライド」は、ホンマの「プライド」やなくて、単なる「見栄」やってんな〜！

ホンマの「プライド」は、人から傷つけられるようなことはあり得へん。ホンマのプライド＝「自尊心」。つまり、「自分が自分のことを尊敬できる気持ち」やねんから。

100人の人に「お前はダサい！」って言われても、人間として明らかに、**カッコええこと＝優しいこと＝愛のあること**をしてるって自分で思えたら、「みんな、気づいてへんねんな～」って愛をもってその相手を許せるし、自分が傷つくことなんかないと思うねん。

見栄を張ってることにすら気づけてなかったら、それがまたカッコ悪いねんな～。

それでも、そのことに気づいた瞬間から、人はいくらでもカッコよくなれる。それも事実でしょう？

だから、お互いを愛をもって戒め合うことが、ものすごく大切やと思うんです。

標語14 プライドは　自分の中の　カッコよさ　優しく生きる　強さが誇り

自分だけカッコよくて、カッコ悪い人のことを愛もなくただ責めているとしたら、それもカッコ悪いと思うんです。

大人みんなが、子どもたちから「ホンマにカッコいい～！」って言われるぐらい、優しい人間としての中身をお互いに磨き合っていきたいよねえ。

それに、**今はカッコよくなるチャンスやと思うねん！**

子どもたちにホンマに誇れるヒーローになるチャンスですよ！

ヒーローって、いっつも、大変な状況から生まれてくるでしょう？

だから強さがいる。そして、その強さが優しさを生み出す。

そのために必要なんが、「愛とプライド」やと思います！

残念ながら、カッコ悪い大人が増えすぎてる。とは言え誰も悪くない。

だから、それに気づいて、ホンマにカッコいい大人になろうとした人からヒーローになれる！

早い者勝ちとちゃうかなあ？

最終的にはみんなに気づいてほしいねんけど、気づける人から気づいてほしい。

今気づいたら、目立つで～！

これからの時代は、そういう方向に向かってるんやからね！

乗り遅れるよ～！

こんな言い方をして偉そうに思われてもうたら、僕はカッコ悪いかもね！

伝え方を、よう考えなあかんな～。

反省！　反省！

標語14 プライドは 自分の中の カッコよさ
優しく生きる 強さが誇り

自分のことが「カッコいい〜」「イケテル〜」と思える気持ち。と、子どもたちにはプライドの意味を説明してみましょう！

標語 15

イジメとは
いじめる側の　赤信号
自分で自分の
心を汚《よご》す

標語15 イジメとは いじめる側の 赤信号 自分で自分の 心を汚す

イジメには、いろんなパターンがあるけど、根っこにあるものは同じやと思うんですよねえ。いじめる側の心に、いつの間にか憎悪が引き出されている。

いじめている側にも正義みたいなもんがあったりする。

気づかん間に楽しく感じたりもする。

ノリでやってしまう。そうなると完全に憎悪です。

どうすればいいのか？

次の三つの意味を、子どもたちに伝えることが大切やと思うんです。

一つめは、「愛」の意味。「愛」とは、「大切に想う気持ち」。

自分以外の存在がいかに大切な存在なのかを、大人が教えきれてないから、「他人は他人、それほど大切じゃない」的な気分が根本に芽生えてしまってると思うんです。

何回も同じこと書いてるけど、**「自分以外の存在を〝愛する〟ことは、同時に自分を〝愛する〟ことなんや！」**っちゅうことを、ことあるごとに繰り返し伝える必要があるんよね。

二つめは、「命」の意味。あなたの命は、あなただけのものじゃない！っちゅうことを、早急に子どもたちに伝えることが必要ですね。

僕たちの命は、僕たちのおじいちゃんおばあちゃんや、もっと以前の先輩たちの祈りと愛と想いがつまって引き継がれているバトンやということ。

僕たち一人一人の命を、みんなが必要としているということ。

そのうえで、自分の命が大切なのと同じように他人の命が大切なんやっちゅうことを、リアリティーを持てるように伝える必要があるんよね。

無駄な命なんて、一つもない！　ということ。
み～んな自分のシンセキなんや！　ということ。
標語2、3、9とかで書いたこととつながってんねん。

三つめは、標語14で書いた、「見栄」とは違う「プライド」の意味。
ホンマのプライド＝「自尊心」。
つまり、「自分が自分のことを尊敬できる気持ち」。
この三つの意味を、子どもたちにわかりやすく伝えてほしいねんな～。

「自分の命はかけがえのない、大切なみんなのための命でもあるんだ！」
ってわかったら、「他人の命もまた大切な命、大切な存在だ！」って、自

然と気づいていけるはずやねん。

同じ話やねん。すべてつながってる。

わかってはいても、「天使の心が、悪魔の心に負けてしまう」こともあるでしょう。

そんな時は、「おいおい、君らしくないな〜」って愛をもって丁寧に伝えましょうよ。

それも繰り返し繰り返し、「リアリティー」が持てるタイミングを逃さんようにね。

それこそが、イジメに走る気持ちを食い止める大切かつ、根本的な教育やと僕は思てます。

要するに、子ども時代は気づかないことが多いからこそ、大人がうまく優しく、気づけるように導く責任があるんよね。

どんな理由や正義があろうとも、人が嫌がる悲しむ行為をしていいという理由には絶対にならない。

そういうことをすると、相手以前に自分の心を自分で汚し、いじめていることになる。

そういうことを、優しく、気づけるように伝えなあかんのですね。

誰か一人でもいい。

「おまえの命は俺のもんでもある！
おまえは優しく生きられるカッコいい人間やっちゅうことを、俺はおまえ以上に信じてるんや」

って本気で言うてくれる大人がいるだけで、イジメがカッコ悪いことに気づけて、いかに小《ちっ》ちゃい人間の行為かっちゅうことにも気づけるはずやねん。

逆に言うと、それだけ本気でその**いじめている側の人間の心をとらえられているる大人がおらへんっちゅうことが、大きな問題でもある**んですよね。

人は誰でも**「愛されてるっていう自信と安心感」**を持てることが大切なんやね！

標語⑮ イジメとは　いじめる側の　赤信号
自分で自分の　心を汚す

「ケンカ両せいばい！」
「イジメ両・方愛せばい
い！」
根本の原因にたどり
つくべし!!

標語16

心の呪文！
できることを！
できる範囲で！
あきらめないで!!

笑うだけで人間の脳には「ハッピーホルモン＝βエンドルフィン」がジュルジュル〜って出て、さらに体中に善玉の細胞を作る信号が出て健康にしてくれるらしいんです！

つまり、笑ろてたら、身も心も幸せになれるっちゅうわけですよ！

僕にも、過去ホンマいろんな嫌なことがありました。

その結果、「生きてるだけで幸せや！」って思えるようになってから、笑えるコツみたいなんを少し習得した感じです。

長屋育ちの根っからお節介な僕は、生きてる人みんな、いっつも笑ろててほしいってバカみたいに真剣に願ってます。だってそのほうが僕自身楽しいねんもん！

それに、**どんなことが降りかかってきても、子どもの前で大人がいっつも太陽でいられたら、それだけで子育てOKやん！**って言いたいぐらいです。

僕らは泣いたり、怒ったりすることもある。

そういういろんな経験が、すべて笑うために必要やねん！　って言えな辛いでしょ。

「すべての経験は笑うためにある」って結果的に思えたら、いつも幸せですよね？

こんなこと書いたら「なんて能天気な奴や！」って怒られるかもしらん。

でも、よう考えてみてください。

一番幸せな瞬間って、みんな笑ってる時か感動してうれし泣きしてる時とちゃう？

もちろん、ジワ～ッて幸せ噛みしめてる時もあると思う。

そんな時でも、口角が少し上がってるんとちゃう？

ちなみに、笑って口角を上げたら、アゴの上あたりのツボみたいなところを刺激して、α波も出るらしいでぇ。

もちろん今、**大人たち、子どもたち一人一人が置かれている状況は大変**

やっちゅうことも、ようわかります。

だからこそお節介でエールを送りたいんです！

今、江戸時代でも室町時代でもなく、昭和・平成という時代を、たまたま生きてる奇跡の仲間として！　この時代を生き抜く歴史上のシンセキとして。

そんな僕が、いつも心の中で呪文のように唱えてる言葉の一つが、

「できることを！　できる範囲で！　あきらめないで!!」なんです。

この言葉にはずいぶん助けられたし、勇気とパワーをもらったな～。

その結果、「あきらめない」ことの大切さを痛感してるんです。

落胆したり、絶望的になったりした時に、腐ったり、あきらめムードに流されたりせんと、今できることを模索して、一人じゃなく、志を共にできる仲間とつながって一緒に考えて、行動し、一歩でも前進させることができたら、「笑い」や「感動」が

待ってます。

何より、そんな自分を誰も誉めてくれんかっても、自分自身が、**「君はイケテルで〜！　カッコいい〜！」**って誉めることが、自分を尊敬できる**「自尊心＝プライド」**やと思います。

そんな人を、いつかきっと必ず本当にカッコいい人が、「あなたはカッコいい！」って言うて理解してくれるはずですよ！

これは間違いないから！

あきらめてないやつはカッコいい！

自分を絶対あきらめんといてやあ！

どんなことがあっても！

今日からスタートしたらええんやから！

標語16 心の呪文！ できることを！ できる範囲で！ あきらめないで!!

ゆっくりでいいし、自分のペースでいいし！

僕はどんな人間に対しても、あなたのことを、あなた以上にあきらめない自信があります！

なぜなら、そうやってみ～んな笑顔を取り戻しているから！

決して孤独にならんといてやあ！

講演する時も、会場にいる一人でも多くの人の「あきらめへん」っちゅう潜在能力を引き出せたらええなあとお節介に思てます。

あきらめんかったら、元気が生まれ、笑顔が生まれ、それが子どもたちの笑顔につながっていくと信じてます！

しんどい時に無理して笑う必要はあらへん。

そんな時は、気がついたら思わず笑ってしまってた的なことを増やしていけばいい。

元気やから笑うんやない、笑うから元気になっていくんよね。
笑うことで心の中にエネルギーがたまっていくんよ。
さあ、笑えるような、自分の好きなことを思う存分してみようや!
笑かしてくれそうな人に会おうや!
笑えそうな場所に行こうや!
ただし、したらあかんことは! すべての範囲で! あきらめてね! ヨロシク。

標語16 心の呪文！ できることを！ できる範囲で！ あきらめないで!!

これは僕のとってお
きの秘伝です！
実はこの秘伝の呪文、
「継続は力なり」につな
がっていくんですよね。

標語 17

山あり谷あり
辛くとも
勇気をくれる
仲間あり

あなたがもしも学校の先生やったら、先生の学校にはイジメや、学級崩壊、学校崩壊など、とても笑える状況にない問題はありませんか？

あるいは、先生。ぶっちゃけ、今いる学校に満足してますか？

なんて聞いたら、笑えなくなりますよね。

たとえ小学一年生でも、そんな先生の悩みを敏感に察知してる子はいますよね。

先生が笑えなかったら、子どもはもっと笑えないですよね？

学校の先生じゃなくても、みんな、職場とか近所付き合いとかで、同じような問題が起こりまくってるんですよねえ。

もしそういう事情やった場合、問題解決の糸口はなんやろ？

レモンさんはこう思うんです。

まず、職員室とか職場の仲間が、ホンマの意味で一つのチームに団結す

ることやと思います。
何もやらない人に限って文句ばっかり言うでしょ?
そんな人も僕のシンセキですけどね。
えっ?
「そんなん無理!」?
「校長があかんねんもん」?
「職場の仲間とは意見が分かれてます」?
「それに僕らしょせんサラリーマン(公務員)やし」?
でも、給料も大事やと思いますけど、それで変に大人ぶって、流されてませんか?
「現実はそんなにうまいこといかない」って言い訳してませんか?
自分が正義だと過信して、ミスしてませんか? 相手を100%悪者と決めつけて、自分の中の憎悪ばっかり増やしてしまっていませんか？

ホンマに自分の給料を守るなら、ケンカするのでも、戦うのでもなく、愛をもって、感情的にならずに、冷静に大局を判断し、あきらめなくてもいいポイントを探し出してみてほしいんです。

みんながみんな自分の都合を前に出して、相手の思いや、不器用さを愛せてないんじゃないでしょうか？

相手のために「愛しましょう」なんて、お上品なことを言ってるんじゃないですよ。

あくまでも、状況をよくするために、まずは落ち着いて、まわりを見渡し、物事の本質にたどりついてください。

そしたら、いろんな方法や、抜け道が見えてくることが多いんですよね。

もっとはっきり言うと、**日本人のもめごとのほとんどが、相手の揚げ足取**

り合戦で、感情ぶつけ合戦なんですよ。

これはしょうがないんですよね。誰も悪くない。すぐキレる。すぐ怒鳴る。みんながみんな「自分が100％正しい」という感情を上から目線でふりかざす。そんな頭ごなし教育が繰り返されてきたのが理由やから。何もそれが悪いって切り捨ててるんとちゃいますよ。

ただ、特に今の時代、そんな理由でもめてることが多いんですよ。まるで子どものケンカ状態。

だから、あとで冷静に考えたら、何をそんなに怒ってたんやろう？　とか、結局なんでもめてるんやったっけ？　なんてことが多いんです。

つまり、**話し合うべき事柄がいつの間にかどこかに雲隠れして、意地と意地の張り合いや、安っぽい勘違いしたプライドという名の〝見栄〟の張**

り合いみたいになってることがホンマに多いんですよね！

僕はそういうもめごとの間に入ることがず〜っと前からたくさんあったから、肌でそう感じているんです。そのたびに思うんです。みんな言うてることが小《ちい》ちゃいなぁ〜優しくないなぁ〜ってね。もともと小《ちい》ちゃい僕が思うんですから、もっと小《ちい》ちゃいんですよね。

だから日本から海外に行ってる留学生の多くも、ほかの国の人とのディベートや、オーギュメント＝話し合いがへたでへたで。それはなんでって、ＹＥＳ・ＮＯをはっきり言えないうえに、自分の意見をはっきり言えない。

挙句の果てに最後は、急に怒り出して、感情丸出しで、その場から立ち去っていく。いや、逃げるんやね。

よくテレビの討論番組がありますが、僕からしたら地獄絵図です。

誰一人として、人の話を最後まで聴いている人がおらんねんもん！

感情のぶつかり合いで終わってたりするし。カッコ悪いことなってますわ。

もっと冷静に話すためには、**戦うっちゅう感じじゃなくて、仲間を増やしていくっちゅう感覚**が必要やと思うんです。

「We are シンセキ！」の心と視点で、本気で結びつくこと。そのはじめの第一歩が、自分の信念に賛同してくれる仲間を見つけることと、絶対に「悪者を作らない」＝「罪を憎んで人を憎まず」やと思います。

ここ3年ほど、毎年12月1日の世界エイズデーに合わせて、厚生労働省と（財）エイズ予防財団主催の**「RED RIBBON LIVE」というAIDSの啓発イベント**が行われてます。

実は僕は、そのイベントの総合プロデューサーという、なんやエラそうな肩書つけて、要はいつものお節介役をしてるんです。

毎年、各界の、僕と「お節介」でつながってる大勢の著名な方々に賛同していただき、一人でも多くの人に今の日本のＡＩＤＳの現状を知ってもらい、検査にも行ってもらって、シンセキであるＨＩＶ感染者を偏見や差別から守っていこう！　っちゅうメッセージを送ってます。

この啓発じたい、さかのぼること15年以上前から、僕個人として仕事まわりやトークライブとかで続けてきたんです。

僕を含め、このイベントは賛同者全員がボランティアで、今も変わらず続いてます。

このライブじたい、はじめは仲間の一人に相談して始まったんです。

二人で漕ぎ出した船が大きな船へと進化しただけなんです。

まずは自分の信念に賛同してくれる仲間を一人見つけることから。
そして、その輪を少しずつでも広げていくことなんですよね。

さらに、反対意見や反対側にいる人も自分のシンセキなんやって思うこと。
もし本当の兄弟や家族が相手側にいたら、もう少し相手の話を最後まで聴こうと思うでしょう?

それに本来、自分の意見と違うほうが面白いし、学べるし、自分を鍛えてくれる。
いろんな「気づき」を与えてくれる可能性が潜んでるんよね。

あきらめない心。それを支えてくれるのは仲間が与えてくれる勇気!

しかも仲間は、自分が間違ってることも、ちゃんと優しく諭して気づかせてくれる。
もちろん! 僕も、この本と出逢ってくれたあなたの仲間の一人やで〜。迷惑かもしらんけど(笑)。まずは、一緒に、笑ろていきましょう!

標語17 山あり谷あり　辛くとも　勇気をくれる　仲間あり

「三人寄れば文殊《もんじゅ》の知恵」ならぬ、「二人《ににん》寄れば互いのつえ」

by レモンさん

標語18

心の鍋が
冷《ひ》えてても
愛の炎で
いつかは沸き出す

チョッと想像してみてくださいね。

あなたがもしも大きなレモンのかぶりものをして、学校を徘徊したとしたら…。

あなたがもしも学校の先生やったら、簡単に想像できますよね？

えらいことになるで～。

「レモンさんだ～！　キャ～！」

なんて近づいて来てくれる子もたくさんおるけど、ときには、

「お～い！　メロン！」とか、**「お～い！　腐ったレモン！」**

なんてセンスのいい罵声をあびます。

それだけやないでっせ！

「おお！　レモン！　バシッ！」

みたいに、レモンを思いっきり叩いていったり、誰かと話してると、そ～っと背後か

ら近づいてきて、僕の股間に手を伸ばして…ギュッ！　と大切なところをつかみながら、「これもレモンなん？」と言って走り去っていったりするんです。

もっと危ないのは、しゃがみながら子どもとじゃれ合ってるときに、レモンの後頭部に思いっきり回し蹴りを入れてくる子どもとかがおるんですよ。

そんなとき、レモンさんは本気の顔してドスのきいた声で「ごら〜待たんか〜」ってその子を思いっきり本気で追いかけるんです。

当然、逃げながらビビって泣いてしまうんですよ。

そして最後には捕まえて、抱き上げて「離せ！　離せ！」って言うてるその子の耳元で、はじめは怖そうな低い声で、

「おい！　よう聞けよ！　レモンさんはな〜！　君のことがな〜…」

と、その瞬間、メッチャ高くて明るい声で、

「優しいやつって知ってるから、めっちゃ好きやね～ん！」。

そう言うと、「きも～い！　レモンきも～い」って言うて立ち去っていきます。

でも、後日その子は、僕の持っている荷物を「これ持ってあげるわ～」って言うてくるんですね。

子どもはわかりやすい！

そこで**「心の鍋」**のお話です。

人の心の中には鍋があって、その中に心の水が入ってる。生まれたころには親やまわりから**愛の炎**をもらって、心の水はホットです。

ところが、なんらかの原因でその火力が弱まり、ついには火が止まって愛を受けられなくなってしまったら、心の鍋の水はどんどん冷えていきます。

そのうえ、世間から憎悪という名の氷を鍋に投げ込まれたりして、完全に冷水になってしまいます。

すると、その冷えた心の鍋によって、その人間はとても冷たいことを言ったりしたりし出します。

それでも誰かがまた愛の炎をつけてくれたら、再び心は温まってきますよね。

たとえば、問題行動をしている子どもに、あるお母さんが近寄って、

「あら。あなたはそんな悪いことをする子じゃないわよね。オバチャン知ってるのよ…」

と話しかけた瞬間、その子どもが

「うるさいババァ〜! どっか行けよ〜」

と叫ぶ。

ほとんどのお母さんは、そこで「無理！」とすぐにあきらめるんですね。

でも、**冷めた鍋に一瞬だけ火を与えてもすぐにはホットになりませんよね。**根気よく温め続けることが大切で、それもはじめしばらくは見た目にもなんら変化はありません。

ところが、**ある時を迎えると突然お湯が沸騰するかのごとく心を開いて話し出したり、態度が変わったりする**んですよね。

どんな人間もあきらめずに温め続けると、必ずその人から愛を引き寄せることができると信じていますし、そういう経験をし続けています。

一人でがんばらなくても、みんなでよってたかって温め続けることが、「愛の力」だと思います。

僕自身子どものころから、素直になれない連中と付き合ってきたから感じるんです。

本気で、計算なく体当たりで、愛の言葉を伝え続けた人には、人は素直に、敏感に反応するんですよね。

本気かどうかすぐわかるしね。

そんな、**どんな子も「うちの子」**っちゅう心を、長屋育ちの僕は、長屋のお節介で学びました。

だからこれを読んでくださってるあなたもレモンさんとは長屋のシンセキなんです！

ゴメンね！

標語18 心の鍋が　冷えてても
愛の炎で　いつかは沸き出す

素直になれない子には、態度で「愛してるんやで」を表現し続けること。
合格点は相手が決めるんよね。

標語19

自信の種まき
運動会
誉めて育てて
感動会

プロのラジオDJとして、運動会は、最大で最高の時間なんです。っちゅうのも、放送係の子どもたちの、運動会の実況中継をする活動を通して、僕自身が毎年子どもたちから感動をたくさんもらえてるんです。

ひと言で言うと**「子どもの無限の可能性を目の当たりにする瞬間！」**。

それが運動会なんですよ！

ぶっちゃけ、かつぜつは悪い、声も小さい、「大丈夫か～？？？」と心配してしまう子が、放送係に選ばれてきたりもするんですよ。

ところがどっこい！（言い方が昭和やなあ）

誉めて励まし、あきらめさせずに練習を重ねていくと、特に本番当日に、信じられへんぐらいの実力を発揮して、まさにぼくの目の前でその子が見る見る成長して、**その一日で衝撃にも似た成長した姿と感動を与えてくれるんですよ！**

それも、毎年ですよ〜！

大げさに言うてるんとちゃいますよお！

それだけ子どもの可能性は無限大なんです。

さらに、レモンさんとして、その運動会の時に、いろんな子どものがんばりを目に焼きつけとくんです。

心のデジカメで撮りまくり！
できるだけ多くの子どものがんばりをね！

そして、運動会が終わったあと、学校でＰＴＡの用事なんかをやってる時、いろんな子どもを見つけては声をかけるんですよ。

「お〜い！　○○くん！　この間の運動会ではがんばって走ってたな〜！」

「え〜⁉　そんなことないよ。だって４位だったもん！」

「何言うてんね～ん！　去年は5位やったやんか～！」
ここで子どもの表情が変わるんよね。
（え？　そこまで見てくれてんの～？）って。
続けて、具体的にかつ本気で誉めます。
「だってなあ、走ってる時に、去年より太ももがよう上がっとったやん！
だからレモンさんからアドバイスや！
来年はな、その上げた太ももを下ろすときに、
今度は地面を思いっきり蹴るようにしてみい～！
来年は3位間違いないで～！」
そう言うと、うれしそうな顔をして
「わかった～！」

って言いながら、さっそく地面を蹴りながら、走り去っていきよる。

一人一人のがんばりを見抜き、誉めて、「自信の種まき」をする。
さらに、自分自身でそこに栄養や水を与えられるようにする。
そういうふうに、小さいころから育ててほしい。

そんな大人や先生に出逢った子どもは、自分のいいとこを見つけるのと同時に、人のいいとこを探す癖を身につけるチャンスも持てると思うねんな！

標語19 自信の種まき　運動会
誉めて育てて　感動会

ナンバーワンだけが
才能じゃない。
誰もが持ってる「ガ
ンバル」という才能を
伸ばしていきましょう
ね。

標語20

手を挙げて
横断歩道を　わたるとき
まわり見ながら！
車見ながら！

標語20 手を挙げて 横断歩道を わたるとき まわり見ながら！ 車見ながら！

最近では、防犯ベルを持って登下校する小学生の姿が当たり前の風景になってしまいました。残念やし、責任を感じます。

ところがなかには、肝心の電池がいつの間にか切れていたり、防犯ベルが壊れていたりして、いざという時に鳴らへんことがあるんですよね。

これは防犯ベルを持つことの意味が伝わってへんからですね。

子どもたち向けの交通安全講習会っちゅうものもあって、これはとっても大切なことやと思う。

でも、**「信号を守りましょう！」「信号が青になったら、手を挙げて横断歩道をわたりましょう！」だけやったら、肝心なことが伝わってへん**と思うんですよ。

青信号やと思って道をわたってるときに、信号を無視した車やバイク、さらに巻き込み確認を怠った車が突っ込んできて事故が起こったりしてるわけなんですよ。

つまり、信号機の役割を教えるのと同時に、それでも**「信号を信じきってはいけない！」**とか、**「信号が自分の身を守ってくれるのではなく、あくまでも自分の身は自分自身が守るんだ！」**っちゅうことを伝えることが肝心なんですよね。

っちゅうのも、小学生を見てると、あまりにも無防備に友達同士でふざけ合いながら道をわたってる子が多いし、交差点のぎりぎりのところに立って信号待ちをしてる子も多いんですよねえ。

交通事故のほとんどが、交差点内で起こってるんです。

いつ接触事故で跳ね返った車が飛んでくるかわかれへんのですよ。

「手を挙げて、横断歩道をわたりましょう！」。

これはとても有名で大切な標語やけど、それを言うんやったら、その意味を子どもたちにわかりやすく伝えなあかん。

手を挙げるのには、小さな小学生が、「私はここにいます！」って車のほうに向いてアピールする意味も含まれてるって、伝えなあかん。

そういう意味なんよねえ。

だから、たとえばハンカチ振りながらわたったってええわけやん。

左折や右折車による巻き込み事故が多いことや、それが具体的にどうやって起こるのかっちゅう**安全管理の肝心要を伝えないで、形だけの交通安全指導になってませんか？**

僕ら大人は、常に、**なんのためにするのかっちゅう意味や、〝肝心要〟の部分を子どもたちに伝える意識を忘れたらあかん**と思うんですよ。

「カタチよりキモチ」なんですよ。

標語9、10、11に書いた話と同じなんです。

当り前のように思い込んでることを、子どもたちにわかる言葉で伝えなあかんのですよね。

交通安全指導だけじゃなくて、こんな話は、身のまわりにいっぱいありますよお。

次もそんな話をしましょか。

標語⑳ 手を挙げて 横断歩道を わたるとき
まわり見ながら！ 車見ながら！

カタチにこだわり、キモチが抜ける。まさに、「真《ま》（心）抜け」に注意!!

標語21

注意して！
川の水面《すいめん》　静かでも
川の中では
激しい流れ

標語21 注意して！　川の水面　静かでも　川の中では　激しい流れ

残念ながら、毎年夏休み中に、海、川、山、道路などで子どもを巻き込んだ事故が必ず起こってます。自分の学校の子どもは大丈夫や、自分の子どもは大丈夫やっちゅう保障はどこにもあれへんのです。

だから僕は、ことあるごとに、注意すべきことを、子どもたちや親御さんやＰＴＡ役員の方々にお節介に訴えてきました。

たとえば、**「おぼれる」のは、パニックを起こしてしまうから**なんですよね。大人でも、ひざぐらいの高さの川でもおぼれることがあるんですよ。助けに行った人が逆におぼれてしまうことも多い。

そういったことや、その理由をより具体的に伝えることが必要なんですよね。でも、そういうことって、意外とあんまりやってへんのですよね。

最近、**着衣水泳**が大切やって言われてるでしょ。**水の事故は、泳いでいると**

きよりも、服を着ているときのほうが多いんやから、当然やね。

まず、あわてずに、水に浮くことが大切。

服やスニーカーの中には空気が含まれてるから、浮きやすい。

そういう情報を、もっと、みんなで共有せなあかんね。

現に僕自身、子どものころ、「冒険！　冒険！」言うて、危なっかしいことばっかりやっとったもんな〜。

川の中は流れが速くなってるって知らんから、大きな川を横断しようと計画したこともあったし。危ない！　危ない！

「そんなことも知らんの？」と思ったあなた！

一度子どもたちに確かめてみては？　知らん子どもがほとんどですよ〜。

それ以外にも、いろんなことがあります。

熱射病。暴飲暴食。睡眠不足。そういったことの怖さなど、基本的なことを子どもたちに伝えきれてないことが多いんとちゃいますか？

親の責任でもあるし、まわりにいる大人の責任でもあると思いますね。

こういうことは、子どもたちを愛するすべての大人が、ことあるごとに繰り返し、繰り返し、教えていくことが大切やと思うんですよね。

そこのポイントはズバリ！「リアリティー」やと思います。

何が危険で、なんで危ないんか？それを、より具体的に、よりリアルに子どもたちにわかりやすく伝える必要があるんやと思いますよ。

それによって、「納得」が生まれてくるんやからね。

夏休み前は、その絶好のチャンスやと思います。

出会い系サイトなど、インターネット上に潜む犯罪の怖さとかやったら、休みに関係なくいつでも伝えることが大切やと思いますね。

「パソコンは苦手」なんて言ってる場合でも、時代でもない。

子どもを守るために重要なのは「情報の共有」ですね。

「情報は力なり！」をしっかり意識して、**パソコンのネットのわなにはまらないように、常にまわりとの愛のネットワークを意識しなあかん**と思いますね。

身のまわりには、僕らが子どもたちに伝えなあかんことがいっぱいある。

よう考えてみたら、いくらでも出てくると思いますよ。

火遊びはなんで危ないいん？　なんで行き先を知らせてから出かけなあかんの？

こういうことを一つ一つしっかり伝えていくことが愛ですよね。

標語21 注意して！　川の水面　静かでも　川の中では　激しい流れ

注意する時の注意！
本人自身の口で、その注意の意味が言えるように伝えないと意味ないよね。

標語22

音楽は
不思議な力を　持っている
癒し　励まし
元気をくれる

忙しい時こそ人間は、ホンマはちょっとした気分転換の時間を見つけることができるのに、〝忙しいお化け〟に襲われて、心の余裕を奪い去られ、「そんな時間ないよ！」ってあきらめて、イライラしっぱなしになってしまいがちじゃないですか？

そんな時、**自分の趣味に関する何かに触れてみましょうよ！**

5分でいいんです、5分で！

写真が好きやったら、心を解き放つ写真を見て、心を癒し、気分を変えて、POWERをためよう！

釣りが好きやったら、道具を触ってみよう！　無理やりなんとか釣りに行く予定を立ててみましょう！　あきらめんとね。

食べることが好きやったら、ちょっと今度行く、めぼしいおいしい店を探しときましょう！　いつ行きます～？

あと、読みかけの本を少しだけ読んでみるのもええかもなあ。

たぶん、5分じゃ気がすまへんやろな～。

だから、せなあかんことをがんばって片づけましょうよ！


さて、「何も趣味なんてないよ」と言うあなた！

僕はラジオのDJやから、ぜひ音楽を聴くことをお勧めします！

学生のころファンでよく聴いていた懐かしのアーティストがおったら、ちょっとだけ、改めて聴いてみませんか？

そして、それを聴きながら、まるで懐かしいアルバムを開いてみるように、いろんな場面や人物を思い出してお金のかからないタイムトリップをしてみませんか？

何か大切なものが見つかるかもわかりませんよ！　バカにしたらあかんよお！

もちろん、悲しい思い出がよみがえって、逆にパワーダウンしてしまいそうな曲もあるとは思うけど、ならば、そこから今までがんばってこられたのは誰かに支えられていたからなんやな～って気づけるチャンスになるかもしらん。

「わたしは、音楽をあまり聴いてきてないんです～」って言う人は、クラシックでも、ＪＡＺＺでも、歌謡曲や演歌、ポップス、フォーク、ブルース、リズム＆ブルース、なんでもいいんですよ。

気がついたら、自分の心が騒いでたり、癒されたり、熱くなったり、とにかく心が小さくとも揺さぶられる音楽に出逢ってみて～！ あきらめんとね。

もし、時間が作れたら、コンサートに行ってみましょうか～？

少しの時間、心が解放される気持ちよさを体験するだけで、心や脳がいい刺激を受けるはずですよ。

ただし、心が風邪をひいていて、お薬を処方してもらっている人は、チカチカするストロボライトのような照明には気をつけてね。

揺さぶられ過ぎることがあるからね。

音楽には、ホンマに不思議なパワーがあるんですよ。

目には見えない波動。

それはまるで家族やシンセキ、友達が与えてくれる愛情のような存在。

そばにいて、いるだけでホッとできて、時に癒され、励まされ、気がつきゃ元気をくれる。

まさに！　心だけが知っているビタミンやと思います。

標語22 音楽は 不思議な力を 持っている 癒し 励まし 元気をくれる

心にも「ビタミン＝好きなこと」が必要。そんな「ビタミンタイム！」を必ずとってあげてね！

標語23

読書には
いろんな出逢いが
待っている
本を開くと　扉が開く

実は僕自身、子どものころは読書が好きやなかったんです。

唯一、友達から借りた野球漫画の『キャプテン』と『プレイボール』は何回も読んだ記憶があるんですけどね～。

そんな僕は、19歳の時に突然家出をし、東京に移り住みました。

そのころ、まるで本がお友達？　っちゅうぐらい毎日のように新しい本を読んでたんです。ぶっちゃけ、そんなきっかけを与えてくれたんは、大失恋やったんです。

「A型の僕の恋愛観は間違ってたんか？」を追求すべく、やたら恋愛に関しての本を読みあさってました。そこがまたA型!?

『赤と黒』で有名なスタンダールの『恋愛論』から、『海と毒薬』『沈黙』などで有名な遠藤周作の『恋愛論ノート』まで、〝恋愛〟と書かれたものはとにかくたくさん読んだな～。

そのほとんどが、古本屋で見つけた50円本シリーズ。

それがきっかけで、他にもいろんな種類の本を読みました。

朝のギュウギュウ詰めの通勤電車の中、仕事の休憩時間、休みの日に誰もいない海辺で、村上春樹から司馬遼太郎まで、一人でいろんな本を読みまくりました。

ところが心の中では、孤独っちゅうより、

「今度はどんな人の話が聞けるんやろう？」

「どんな世界と出逢うんかな〜？」

「どんな気持ちと出逢えるんかな〜？」

って、新しい出逢いにわくわくしてました。

でも、本を読む速度がまったく速くならなくて、読みたい本の量に追いつけへん。

速読法じゃなくて、味わいながら速く読むためには、もっと幼いころから活字に慣れとったら違ってたんかな～って今も感じてます。

大の読書好きだった母親から「本を読みなさい」って言われれば言われるほど反発しとったな～。僕は相当ガンコな子どもやったんよね。

やっぱり、**教育は、「教える」より「気づかせる」、「押しつける」より「引き出す」**なんやな～。でも、相当引き出そうとしてくれてたんですよ。

「わくわく」や「ドキドキ」「嬉しさ、悲しさ、切なさ」、そんな気持ちを感じられる素敵な出逢いが本にはある。

それに気づく体験を子どもたちにさせることができたら、誰だって読書好きになると思うな～。

本や絵本を読むと、いろんな人との出逢い、いろんな想像の世界との出逢い、いろんな感性との出逢いがある。

今もこうして、この本を通してあなたとレモンさんが出逢い、つながってる。
これこそが、不思議で素敵なことでしょう？
もちろん読書だけが出逢いじゃない。
音楽とか芸術にも出逢いがある。
直接会って話すホンモノの出逢いも素晴らしい。
そのうちの一つとして、読書も素晴らしいということ。
そういうことも、子どもたちに伝えられるとええなあ。
読み聞かせもたくさんしてあげてねえ。

標語㉓ 読書には　いろんな出逢いが　待っている 本を開くと　扉が開く

一つの音楽が、一冊の本が、一本の映画が、人生を変えることもあります。

いろんなメニューを子どもたちに紹介したいね。

標語24

たくさん〝素敵〟を
集めれば
気がつきゃ君は
素敵な人だよ!

標語24 たくさん"素敵"を　集めれば
気がつきゃ君は　素敵な人だよ！

卒業していく子どもたちには、素敵な人生を送り、素敵な人間になってもらいたい。
そう願うのは、どんな先生も親御さんも地域の大人も、みんな同じやと思います。

僕は卒業生にこう言い続けてます。

「素敵な人になるための、簡単な方法があるんやで〜！
世の中にある一つでも多くの〝素敵〟を集めるんや！

たとえば、素敵な本、素敵な映画、素敵な音楽、素敵な料理、素敵な風景、素敵な出逢い、素敵な経験、素敵な時間、素敵な旅行、素敵な失敗、素敵な挫折、素敵な失恋、素敵な友達、素敵な言葉、素敵な匂い、素敵な先生…。

とにかく素敵なものをできるだけたくさん見つけて、集めてごらん！

そしたらね、素敵な誰かに『あなたは素敵な人ですね』って言われる素敵な日が必ず来ると思うよ！」

素敵な失敗などのネガティブな経験こそが、自分を成長させてくれる素敵な経験になる。それを知ってほしいっちゅう願いも、この話には入ってるんですよね。

「失敗は成功のもと」以前に、「失敗は、成長のもと」やと思うんです。

有名、無名問わず、金持ちもそうじゃない人も問わず、素敵な人は共通して、どんな人に対しても上から見下げるようなことはなく、誰に対してもフラットで、優しい目で、子どものように無邪気で、純真で、がんばりやさんで、正直で、優しく相手の話を真剣に聴いてくれるんです。

つまり、**カッコいい人、素敵な人っていうのは、「優しい人」のこと**やねん。**優しくあるためには強さが必要やし、その強さは、失敗や挫折、苦しみや悲しみから得られることが多い**んですよねえ。

この本を手にしてくれたシンセキのあなた！

この社会を作っている一人の大人として、また、みんな仲間だという気持ちを込めて、エールを送らせていただきます！

お互い、人間らしく、平和を望み、人の笑顔を望み、子どもの健やかなる成長を望み、幸せでいたいという当たり前の願いのために、憎悪が潜在する人間の心をうまくコントロールして、愛という誰もが持ってる優しい気持ちで相手の優しい気持ちを引き出し、それをみんなにつなげていって、人間を人間らしく愛していけるように、**1秒でもハッピーに！** たくさん笑いながら生きていきましょうね～！

そのためにも、「We are シンセキ！」の心で、「愛のお節介」をお互いしていきましょうね！

「We are シンセキ!!」。

標語24 たくさん“素敵”を　集めれば
気がつきゃ君は　素敵な人だよ！

「類は友を呼ぶ」

「素敵は素敵を呼ぶ」

当たり前のことやんね。

http://lemonsan.com

レモンさんのホームページもあるよ〜！

ちょこちょこ
更新してるから、
デザインも
ときどき変わるかも!
マメにチェック
してくださいね〜

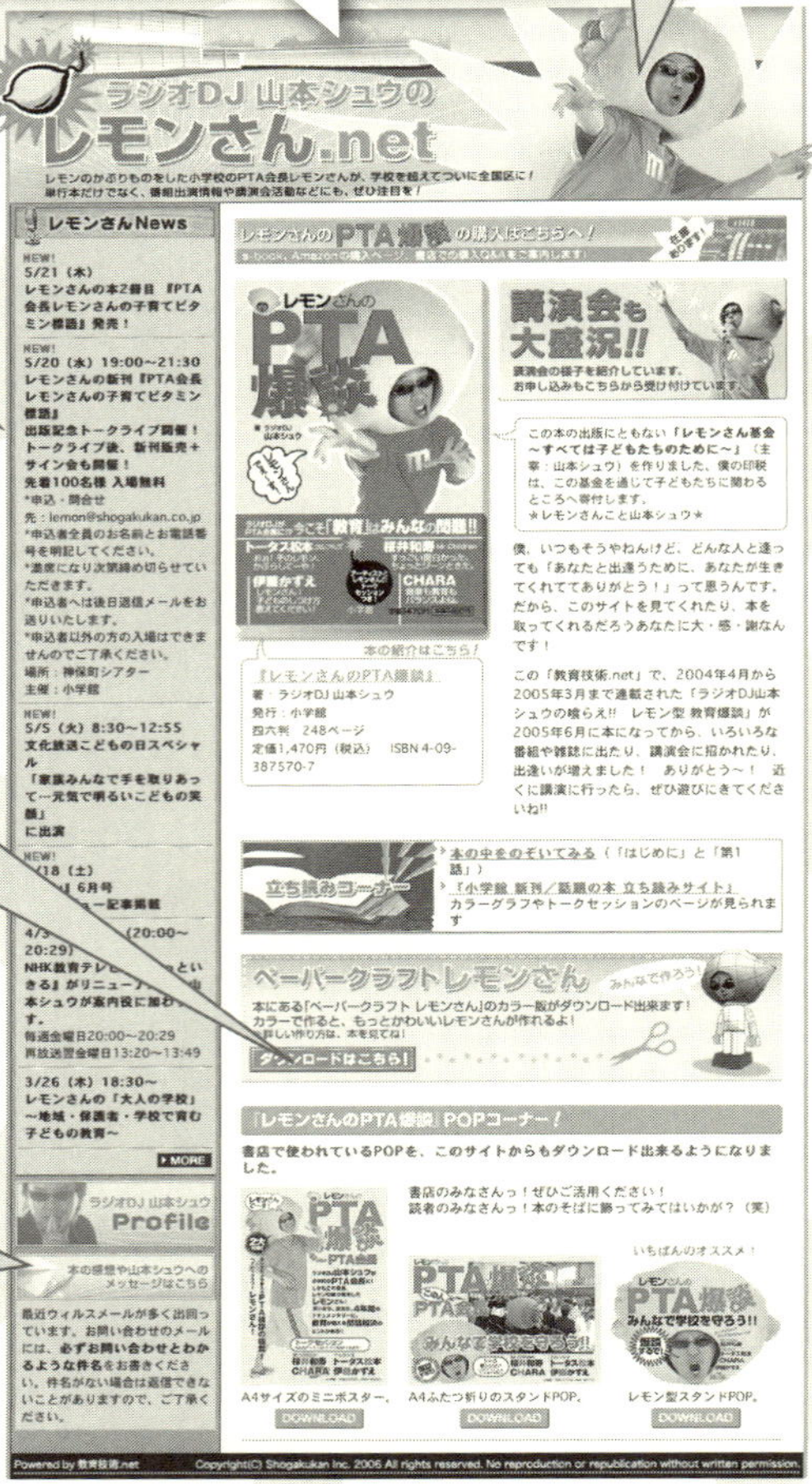

レモンさんの
講演会などの
出演情報が
載ってますよ〜!

ペーパークラフトとか
POPがダウンロード
できますよ〜!
作って飾ったり
遊んだりしてね〜

講演会の
申し込みとか
本の感想とか、
なんでもメールで
送ってな〜

大好評発売中!

レモンさんのPTA爆談

著: ラジオDJ 山本シュウ 四六判 248ページ 小学館
定価1,400円(税別) ISBN 4-09-387570-7

山本シュウ氏の印税は
すべて子どもたちのために寄付されます。

人気ラジオDJが、
ひょんなことから引き受けた
小学校のPTA会長4年間の実話ドキュメンタリー

運動会に子どもたちの実況中継を取り入れ、お弁当や万国旗を復活させる経緯や、一艘の船に乗り組んだ仲間として支え合おうとPTAの会合で話して大人の力を引き出していく話など4年間の実話が満載!

全国から反響の声が続々！

■某小学校で会長を務め2年めになりました。いろんな箇所で涙がチョチョ切れ、スンゴイPOWERをもらいました! (東京都・43歳・男性)

■日ごろ思ってて言えなかったことがたくさん書いてありました!!　PTA執行部全員に薦めます!(山梨県・37歳・女性)

■かぶりものの姿からは想像できない、ホント真面目な内容。本気になって子どもを守らなきゃいけない時代なんですね。(大阪府・45歳・女性)

■今までPTAの仕事なんかやりたくなかったんですが、知人の薦めで読んで以来、今ではおやじの会でがんばっています^^! (熊本県・39歳・男性)

対談！

Mr.Childrenの桜井和寿、トータス松本、CHARA、伊藤かずえとの子育て対談も!

信頼関係を築いた人気ラジオDJだからこそ引き出せた、本邦初公開の話題が続出！

全国こども電話相談室・リアル！は、リアルなお悩み解決ドキュメントです！

インターネットで調べれば何でもわかってしまう時代でも
色あせない「相談」の魅力。
それは、こどもから発せられる学校や家族や暮らしの相談に、
人生の先輩が答える「タテのコミュニケーション」と、
友達と相談しながら何かを学んでいく「ヨコのコミュニケーション」。

「こどもリアル」は、
この「タテ」と「ヨコ」のコミュニケーションを軸に「相談」します。

「学校に行きたいけど、仲間はずれが怖くて行けない」
「お母さんが厳しすぎる。すぐひっぱたく」
「お父さんが帰ってこなくなっちゃった」

など、リアルなこどもの悩みに、頼れる兄貴のDJ山本シュウと、
リスナーと同世代の小中学生が耳を傾け、解決まで相談し続けます。

この番組は、その過程すべてをお伝えするリアルなお悩み解決ドキュメント。
今のリアルに耳を傾け、何かを感じ、参加して、番組とつながってください。

（番組公式ホームページより）

この番組でつながろう！
We are シンセキ！

TBSラジオ
全国こども電話相談室・リアル
大好評放送中！

メイン・パーソナリティは
レモンさんこと
山本シュウさんで～す！

全国こども電話相談室
Re@l

みんなの悩みや
相談、なんでも
聞かせてね！

「全国こども電話相談室・リアル！」は
2015年3月に放送終了しました。

http://www.tbsradio.jp/kodomoreal

おわりに

おかげさまで、『レモンさんのＰＴＡ爆談』を発売したあと、全国のＰＴＡや学校、先生たち、地域活動をしている方の集まりなどによく呼ばれるようになり、僕がお節介できる場面が増えました。

呼んでくださった方、ありがとうございます！

いろんなところに行けるおかげで、いろんな出逢いがあるし、全国のいろんな学校や先生やＰＴＡ役員の方や親御さんや子どもたちの事情や悩みとかがよくわかってきて、僕も勉強になってます。

どう話したら伝わりやすいかな〜って毎回考えながらしゃべってるから、話し方も話す内容も、講演を始めたころに比べたらだいぶ変わってきたんちゃうかな〜。

講演を続けるうちに、この本にまとめた「標語」もどんどん生まれてきたし、考えとか伝え方も変わってきました。

だから、レモンさんはシンセキみんなに感謝してます！

講演会では、

・どうすれば楽しくPTAをできるのか
・人間関係をどううまく作ればいいのか
・地域とつながるにはどうすればいいのか
・子育てするときはどうすればいいのか

っちゅうような話をたくさんしてます。

以前は、僕がＰＴＡ会長をやってたときのスライドとかビデオとかを観てもらいながら、『レモンさんのＰＴＡ爆談』に書いたエピソードの話をすることが多かってんけど、最近は、ホワイトボードを使ってコミュニケーションのキーワードを説明したり、最近の事件とか最近気づいたことにからめて、この本に書いたような話もしてる。講演会とかトークセッション、それにシンポジウムも、その場限りのライブやと思ってます。

その場の雰囲気とか、聴きにきた人によって、ホワイトボードへの字の書き方や字の大きさも当然変わってくる。そんなこともいろいろ考えながら話してます。

ちなみに、最近では一般的になってるパワーポイントを使った講演では、上手にできる人もいるとは思うんですが、ライブ感というかグルーヴ感を持って、話の力で心に響くように伝えるのが難しいんちゃうかな〜と感じてます。

講演会やトークでは、僕が何かを教えるっちゅう考えはぜんぜんなくて、もともとみんなが持ってるものを思い出すきっかけにしてほしいな～と思って話してます。実際、講演会で話すときは、いっつも最初にそう言うてるしね。

せっかく来てくれはった人が元気になって、明日からまたがんばろう～！　って思ってもらえるように、笑いあり、涙あり、感動あり、盛りだくさんで話してます。

講演会場で『レモンさんのＰＴＡ爆談』を販売してもらったときは、時間がある限り、買ってくださった方にサインもさせてもらってます。

そんなときに、いろんな人と言葉を交わせたり、いろんな出逢いがあったりするから、人一倍寂しがり屋の僕としては、そんなシンセキに会えてうれしいんよね～。

いっぺん講演聴いてくれた人が、今度は別の講演に呼んでくれたりして、どんどんつながっていくのもうれしいし。

北海道とか、九州とか、四国とか、今までに行ったことがないところにもいろいろ行けて、そこで初めて出逢った人とワイワイ話し合えるのも、「シンセキやな～」って感じて楽しいんよねえ。

出逢いと言えば、高卒の僕がなんと！　二つの大学で講義をしてて、学生さんと話したりできるのんも楽しいし、さらになんと！　最近は、企業や会社の研修とか、泊まり込みのセミナーとかにも呼ばれるようになってきました。

なぜなら、どんな会社でも組織でも、そこで働いてるのは人間で、そこで壊れかけてるのはコミュニケーションやっちゅうことは、どこ行っても同じやからなんやろうな～。

それに、いよいよ、ビジネスの世界でも、「結果がすべて！」「ビジネスやぞ！」的なことより、「愛やぞ！」「幸せやぞ！」の考え方こそが中心にこなあかん！　という時代が来てるからなんやろうな～。

ぶっちゃけ、外から見たら順風満帆そうなエリートの方々の家庭の中で、死ぬ生きるの悩みをかかえている人が多いこと多いこと。そういうことを、個人的にぶっちゃけて涙ながらに相談してきはる人のこれまた多いこと。

どうしたら人間関係をうまく作れるのか、どうして生きていけばいいのか？　っちゅうテーマはどこに行っても同じやねんな。

『レモンさんのＰＴＡ爆談』とこの本にまとめた話は、ＰＴＡや子育てだけじゃなくて、どこでも通じるんです。

人間関係って、どこ行ってもすべての基本やから、どこ行っても同じ話が通じるんよね。やっぱり愛なんよね。照れてる場合ちゃうんよ、もう。

これからも、呼んでくれたら、時間が合えば、学校でもＰＴＡでも地域活動をしているグループでも、会社でも、どんどんお節介しに行きたいと思ってます。

みんなシンセキやから、みんなで笑ろときたいもんね〜。

「男の顔した、ただのオバチャン」って言われるくらい、もともとお節介が好きやし。僕の目指してるのは、ぶっちゃけ「肝っ玉母ちゃん」やし。男やのに。

そんな感じやから、講演会に呼びたい〜っていう方は、ぜひレモンさんのホームページ「レモンさん.net」にメールを送ってな〜。本の感想もメールで送ってな〜。

遠慮したらあかんで。シンセキなんやから！

僕の「できることを！　できる範囲で！　あきらめないで!!」やっていくだけやし。

「We are シンセキ!!」。

2009年4月24日　山本シュウ

森さん、立川さん、ヨシナガくん、太田さん、中島くん、そして何よりこの本の「プロデューサー」と僕が勝手に呼んでる小山さん、その他協力してくださったみ～んなの「愛」に感謝です。

そして、「お蔭様」にありがとう!!

「レモンさん」こと山本シュウ Shoo YAMAMOTO

1964年4月24日 大阪府門真市出身　0よりのA型　ラジオDJ。
筋金入りのフリースタイルな生き方は、子どもの頃から近所のオッチャン、オバチャン、ヤッチャンのお節介で育てられたおかげ。もちろん、オヤジ、お袋には、人とのつながりの大切さ、「生きてるだけで、笑ってるだけで幸せや!」っていうことを教わった。FM Osaka、TBSラジオ、NHK教育テレビなど各局の番組で活躍。イベントにも司会などで登場。独自にトークライブも定期的に行い、笑いと感動を与え続けている。自らの子どもが通う小学校のPTA会長を5年間務め、その後もPTA顧問を続けている。書籍『レモンさんのPTA爆談』を2005年、小学館から発売。この書籍の印税はすべて子どもたちのために使用するため、「レモンさん基金」を作り、ここに寄付をしている。『PTA会長レモンさんの子育てビタミン標語』の印税の一部も、「レモンさん基金」に寄付する。2005年～2011年に山梨英和大学非常勤講師、2007年から大阪大学の非常勤講師も務める。2006年から厚生労働省主催のAIDS啓発のためのレッドリボンライブの総合プロデュースを務める。2009年から日本赤十字社の「はたちの献血」を含む献血推進キャンペーン「LOVE in Action プロジェクト」のプロジェクトリーダーを務める。PTA、教育委員会、学校に加えて、企業のコミュニケーション啓発セミナーなどの講演依頼も増えている。

レモンさんこと山本シュウのOfficial Site
http://lemonsan.com
レギュラー番組　＝　レモンさんOfficial Siteのプロフィール欄にて紹介
講演会のお申し込み　＝　レモンさんOfficial Siteで受付中!
講演会・メディア出演情報　＝　レモンさんOfficial Siteで更新中!

大人も子どももみんなハッピーになる
PTA会長 レモンさんの子育てビタミン標語

著者　ラジオDJ 山本シュウ
2009年　5月25日　初版第1刷発行
2018年11月11日　　第6刷発行
発行人　杉本　隆
発行所　株式会社小学館
〒101-8001 東京都千代田区一ツ橋2-3-1
TEL 編集:03-3230-5470　販売:03-5281-3555
印刷　文唱堂印刷株式会社　　製本　株式会社　若林製本工場

■取材協力　TBSラジオ「全国こども電話相談室・リアル!」、シンセキ村の仲間たち
■スタッフ　[表紙・デザイン・DTP] 森 ケイジ(Jam Planning)
[表紙撮影・人形] ヨシナガ　[シンセキカード] 中島 康雄
[本文撮影] 河井 邦彦
[協力] 立川 裕二(オルコット)
[編集担当] 小山 玄(小学館)
[制作] 望月 公栄　[販売] 山本　恵　[宣伝] 島　二郎

ISBN978-4-09-840114-7